Cómo potenciar tu autoesima

swing ÚLTIMOS TÍTULOS PUBLICADOS:

PENSAMIENTO POSITIVO, *Vera Peiffer*
REGRESO A LA HABANA, *Jordi Sierra i Fabra*
FIDEL CASTRO, *Clive Foss*
LOS CHISTES DE CELTIBERIA, *Lucio Cañete*
EL DIARIO DE ELSA
EL LEGADO TEMPLARIO, *Juan G. Atienza*
LA FARMACÉUTICA, *Esparbec*
INTERPRETA TUS SUEÑOS, *Y. Soliah*
LA REBELIÓN DE GAIA, *Jorge Blaschke*
LO QUE EINSTEIN LE CONTÓ A SU BARBERO, *Robert L. Wolke*
MISTERIO EN LA TORRE EIFFEL, *Claude Izner*
LOS ERRORES DE LA HISTORIA, *Roger Rössing*
CÓMO MEJORAR TU VIDA SEXUAL, *Rachel Copelan*
EL ARTE DE SER MUJER, *Alicia Gallotti*
LA TENTACIÓN DEL TEMPLARIO, *Mary Reed McCall*
APRENDA A CONOCER LOS VINOS, *Victor André*
LOS MEJORES CHISTES CORTOS, *Samuel Red*
EL CURSO, *Juliet Hastings*
HISTORIAS CURIOSAS DE LA CIENCIA, *Cyril Aydon*
ASESINATO EN EL CEMENTERIO, *Claude Izner*
ENCICLOPEDIA DE LOS MITOS, *Nadia Julien*
ÁNGELES, *Malcolm Godwin*
LO QUE OCULTA LA HISTORIA, *Ed Rayner y Ron Stapley*
LOS PECADOS DEL PLACER, *Mary Reed McCall*
LAS CLAVES DE EL SECRETO, *Daniel Sévigny*
EL APÓSTOL DE SATÁN, *Dan Chartier*
SÉ POSITIVA, *Sue Patton Thoele*
EL SECRETO DE LOS NÚMEROS, *André Jouette*
ENCICLOPEDIA DE LOS SÍMBOLOS, *Udo Becker*
CORAZÓN VENGADOR , *Tracy Cooper-Posey*
EL LIBRO NEGRO DE LA HISTORIA DE ESPAÑA, *Jesús Ávila Granados*
EL ARTE DELPLACER SEXUAL, *Barbara Keesling*
NUEVOS MISTERIOS DE LA HISTORIA, *Spencer Carter*
¿QUÉ SIGNIFICAN TUS SUEÑOS?, *Marcus Salomon*
EL ARTE DE TIRAR EL TAROT, *Vanessa Bell*
MITOLOGÍA GRIEGA Y ROMANA, *Alessandra Bartolotti*
EL LIBRO DE LOS ZUMOS Y BATIDOS, *Verónica Riera*
CÓMO ESCRIBIR CORRECTAMENTE, *José Serra*
DESAFÍA A TU MENTE, *David Izquierdo*
LA CIENCIA ES DIVERTIDA, *Alain Gold*
TODOS LOS JUEGOS DE TABLERO, *Arturo Botín*
MITOLOGÍA CELTA Y NÓRDICA, *Alessandra Bartolotti*
DIVIÉRTETE CON LAS MATEMÁTICAS, *Yakov Perelman*

Cómo potenciar tu autoesima

Katherine Sanders

swing

Diseño de cubierta: Regina Richling
Fotografía de cubierta: © iStockphoto / Alekup

ISBN: 978-84-96746-70-1

Depósito legal: B-7.995-2012

Impreso por : BLACKPRINTCPI
,Torre Bovera 6-7 08740
Sant Andreu de la Barca

Impreso en España - *Printed in Spain*

Índice

Introducción

Seguro que hay momentos en los que te sientes falto de confianza, o que aparentas ser una persona afortunada y segura de ti misma aunque en el fondo percibes que tu vida no es feliz ni tienes capacidad para controlarla. Casi todo el mundo ha pasado por una situación así. La inseguridad y los problemas para relacionarse pueden asociarse directamente con una baja autoestima.

Si tu vida está fuera de control por causa de rápidos e inesperados cambios, desarrollar un alto grado de autoestima te ayudará a experimentar una sensación de control y equilibrio. Día a día podrás mejorar tus capacidades para usar tu tiempo y tu energía. Podrás concentrarse en lo que realmente es importante.

Cuando estés con personas que tienen confianza en sí mismas y se sienten cómodas, tal vez te preguntarás cuál es el secreto de tu autoestima. Quizás has pensado que alguien o algo ajeno a ti puede proporcionarte una alta autoestima. ¿Qué crees que puede hacer de ti alguien con valía? Podrías desear ser más afortunado, atractivo, joven o famoso. Tal vez estés ansioso por encontrar la persona idónea o mejorar tu actual relación. Quizás notes cierta inseguridad o simplemente que algo falta en tu vida.

A todos nos gustaría ser tocados con una varita mágica. Evidentemente esto no sucederá, pero lo cierto es que puedes hacer que la magia entre en tu vida. Incluso desde el mismo momento en que desee llevar una existencia más satisfactoria puede empezar ya a respetarse a sí mismo. Esto significa tratarse bien y no de manera severa. Respetarse a sí mismo significa tanto identificar las propias necesidades y deseos, como aquello que es correcto para uno como individuo. Ser benevolente hacia uno mismo se aplica no sólo a aquellas cosas que aseguran que uno no se forzará hasta la extenuación sino a la manera cómo hablas a los demás y, lo más importante, cómo te relacionas contigo mismo.

I. ACEPTARSE Y ESTIMARSE

Sé positivo

Piensa en positivo: te sentirás mejor y serás mucho más efectivo, tanto en tu vida personal como en tu trabajo. La ventaja de esto es que uno se hace menos dependiente de lo que otras personas puedan sentir. Estimarse resulta mucho menos agotador que estar criticándose todo el tiempo.

A menudo sentimos que si perdiéramos una determinada cantidad de kilos de peso o ganáramos más dinero estaríamos a mitad de camino para ser aceptados por los demás. Todos los seres humanos deseamos ser amados y aprobados por otras personas. Sin embargo, la persona más importante que debe aceptarte eres tú mismo. Es muy difícil para los demás estimarte y aceptarte tal como eres si tú mismo no te aceptas. Si te consideras inaceptable e indeseable en ciertos aspectos, concéntrate expresamente en aquello que te gusta de ti mismo.

Aceptarse y estimarse es una grata sensación que te ayudará a llevar la mejor vida que puedas imaginar. Ser autocompasivo no te volverá apático. Es más fácil hacer los cambios que deseas si te apoyas y das ánimos. ¡Por ello no debes aplazar el momento de gustarte y sentirte bien contigo mismo hasta que hayas realizado los cambios deseados para mejorar tu vida! Si de entrada te aceptas tal y como eres, lograrás más fácilmente tus objetivos respecto, por ejemplo, al peso corporal, la delgadez deseada, el progreso en tu trabajo y una mayor armonía en tus relaciones. ¡Tu propia aceptación es un amigo que deseará tener de por vida!

Un ejercicio para sentirte bien contigo mismo

Algunos días, sobre todo esos en los que te sientes pesimista y deprimido, lo que necesitas es un tónico simple y de actuación rápida. Puedes realizar el ejercicio de los cinco dedos todas las veces que quieras para recordar cómo sentirte bien contigo mismo.

Respira profundamente unas cuantas veces, deja que se extienda por todo tu cuerpo una sensación de relajación, bienestar y calma. Al cerrar los ojos, deja que tus músculos liberen las tensiones. A medida que te relajas, toma conciencia de tu mano dominante.

Este ejercicio se llama «de los cinco dedos», aunque en realidad se trata de la relación que hay entre tus cuatro dedos y el pulgar. Toca el dedo índice con el pulgar. Mientras lo haces, piensa en tu pasado, en algún momento en el que te sentiste realmente amado y cuidado. Quizá sea aquella vez que te dolía mucho el estómago y tu padre estuvo cuidando muy bien de ti. ¿Y por qué no aquella vez en que tus amigos te organizaron una gran fiesta de cumpleaños? Cualquier ocasión servirá, tanto si se trata de un gran acontecimiento como de un pequeño momento. A continuación, toca el dedo corazón con el pulgar. Piensa en algún momento en que sintieras que habías conseguido un gran éxito. ¿Fue cuando te graduaste en el instituto? ¿Cuándo conseguiste aquel trabajo o aquel ascenso? Quizá fue cuando nacieron tus hijos. Al igual que antes, cualquier ocasión servirá, siempre que te infunda un intenso recuerdo de la sensación de éxito. Toca el dedo anular con el pulgar y recuerda alguna ocasión en la que hicieras algo importante por otra persona. Tal vez cuando cuidaste de tu vecino enfermo o cuando hiciste de canguro con los hijos de tu hermana. Puede tratarse de cualquier momento de generosidad que fuese importante para ti. Por último, toca el meñique con el pulgar y busca el recuerdo de haber amado a otra persona. Piensa en tu pasado, en un momento en que sintieras un fuerte amor hacia alguien y aquel sentimiento llenara todo tu corazón. Practica este ejercicio y utilízalo siempre que necesites recordar urgentemente cómo sentirte bien contigo mismo.

Evita los sentimientos de culpa

Todos sabemos que preocupándonos por algo no conseguimos mejorar nada y probablemente nos sentimos mucho peor por ello. Sin embargo, no podemos evitar preocuparnos si esto se ha convertido en un hábito, y lo mismo le ocurre a casi todo el mundo. Prueba a sumar todo el tiempo que pasas preocupándote en el curso de una semana. ¿El haberse preocupado durante todo ese tiempo te ha hecho sentir mejor? ¿Te ha sido de alguna ayuda? La continua preocupación es un desperdicio de energía.

Cuando empieces a preocuparte por el pasado, déjalo allí donde sea posible. Si empiezas a preocuparte por el futuro, observa la diferencia entre estar dándole vueltas a algo y esa verdadera preocupación a la que puedes prestarle atención y sobre la que puedes actuar. A menudo nuestras preocupaciones sobre el futuro son infundadas. Por ejemplo, en una situación laboral, cuando muchas personas temían cambios inminentes, existía un abatimiento general, una falta de motivación y una actitud negativa. Una de esas personas se dio cuenta de que entre todos se estaban rebajando mutuamente y pasó a adoptar una actitud positiva, levantando el nivel de energía y las expectativas de todo el grupo. Llegado el momento, los cambios previstos en la organización fueron beneficiosos, pues los individuos que formaban el grupo se habían vuelto más positivos, flexibles y abiertos a nuevas oportunidades. Por tanto, cuando te des cuenta de que estás abatido por los temores y desperdiciando tu tiempo, para. Decide que vas a cambiar ese hábito. Puedes reservar cada día un cierto momento que será tu tiempo para preocuparte, por ejemplo las 6:30 de la tarde, y entonces preocúpate durante diez minutos. Cada vez que en el curso del día empieces a preocuparte, aplázalo hasta esa hora. ¡Te resultará menos atractivo preocuparse cuando llegue la hora de hacerlo! Cuando haya pasado la intranquilidad, no olvides cancelar ese tiempo para preocuparte a fin de que tu mente no continúe con ello.

¿Crees que te estás culpando continuamente? Sentirse culpable y con ansias no apoya para nada tu autoestima. Tú puedes decidirte a actuar a partir de ahora de un modo diferente, incluso comunicar tus excusas o arrepentimiento a otra persona, pero no te servirá de nada si, mientras tanto, vuelves continuamente al pasado, te culpas y te rebajas sintiéndose una mala persona.

Siempre hay una alternativa en el momento presente sobre cómo debes comportarte o actuar, pero es inútil culparse por lo que consideras faltas, omisiones o malas decisiones del pasado. En cierto modo y por norma estás haciendo las cosas lo mejor que puedes. Siempre es a posteriori y en retrospectiva cuando notas que lo pudiste haber hecho mejor.

Si el culparse se ha convertido en un hábito, si sigues creyendo que todo ha sido culpa tuya, date cuenta de cuán disgustado te sientes, de cómo te deprimen esos pensamientos. Libérate suavemente de esas reflexiones inútiles. Déjelas ir y piensa que estás empezando a dejar de culpabilizarte y de hacerte daño.

Nada de lo que puedas haber cometido se podrá remediar por el hecho de darle mil y una vueltas y echarse las culpas. Igualmente es improbable que cualquier cosa que hayas hecho sea tan horrenda como para castigarse continuamente. En tu lugar, concéntrate en aquello que consideres importante y placentero.

Concentrar tu atención en aquello que realmente es importante para resulta necesario para tu autoestima. Escuchar esa voz que te indica lo que es más provechoso marcará el inicio del desarrollo de tu intuición personal que, como un guía infalible, te señalará lo que es correcto como individuo. Ya la utilizas cuando tiene un presentimiento sobre algo, cuando tienes la sensación de que es importante hacer alguna cosa.

No esperes la aprobación de los demás

¡Deja de desaprobarte continuamente! Eso es lo más fácil del mundo. Ocurre especialmente cuando uno siente que debería ser algo diferente de lo que actualmente es; por ejemplo, conseguir hacer más cosas y con mayor rapidez, haber progresado más en la propia carrera o bien haber sabido manejar mejor una relación. A veces no es necesario que haya una razón especial. Simplemente nos desaprobamos por cualquier cosa. Sin embargo puedes exhibir un «estoy muy bien, no pasa nada conmigo» de cara a la galería y en realidad te estás desaprobando y desestimando. Esto no es sorprendente porque, tanto si hemos sido educados con todas las comodidades materiales como si hemos carecido de ellas, casi nunca se nos ha enseñado a tener autoestima y respeto hacia nosotros mismos. El hábito de la desaprobación suele venir tras años de no sentirnos dignos ni aceptados por los demás y de ser nuestros jueces más severos. Puedes emplear una gran cantidad de tiempo preocupándote si la gente en general o alguien en particular te aprueba.

Muchas veces perdemos el tiempo preocupándonos por esa desaprobación que tal vez ni existe. ¡Una supuesta expresión severa en el rostro de una persona puede a veces significar que simplemente estás pensando en lo que va a tomar con el té! También podemos estar realmente preocupados porque en el trabajo el jefe esté desaprobándonos durante una reunión. ¿Qué significa tu expresión tan seria? Puede muy bien significar que estás preocupado por la impresión que quieras dar. ¡Piensa simplemente que la persona cuya aprobación estás tratando de conseguir está por tu parte intentando ser aprobada por ti! Tú eres la persona más importante de tu vida. Apruébate incluso cuando quieras que las cosas sean diferentes. Hazlo especialmente cuando temas que otra persona no lo hará o cuando hayas cometido un error pues así puedes corregirlo o alejarlo más fácilmente. No podemos hacer que la gente nos apruebe; debes poder recordar que una vez lo intentó. Sin embargo, lo que puedes hacer es intensificar tu propio nivel de aprobación. ¡Te resultará interesante ver que al hacer esto los demás parecen aprobarle más!

Piensa en las veces en que has quedado rezagado porque no estabas seguro de contar con la aprobación de otra persona. Una joven secretaria, procedente de una familia muy estricta, quería cambiar su trabajo y establecerse por tu cuenta como maquilladora de televisión, que era lo que realmente le gustaba. Para hacer esto precisaba de una formación complementaria. Como no contaba con el apoyo de su familia, tenía que aprobarse y concederse permiso para dar ese paso. Tuvo el valor de hacerlo, ganó un premio a la mejor estudiante y su nueva carrera comenzó satisfactoriamente. ¿Hay algo que te gustaría hacer en tu vida pero que lo vas postergando porque crees que no cuentas con la aprobación suficiente? Ante todo debes decidir si es algo que realmente te gustaría hacer y si esto te será beneficioso. Luego sigue adelante. Tendrías que dejar pasar mucho tiempo si esperaras la aprobación de alguien y, con el estímulo de tu propio apoyo, las primeras medidas prácticas son más fáciles de tomar.

Mereces ser feliz

Tal vez recuerdes que en alguna ocasión te dejaste llevar por tu intuición y que las cosas sucedieron con facilidad y sin esfuerzo. En otras ocasiones a lo mejor has tenido una buena idea sobre la que has dado muchas vueltas y luego haya vuelto a ella ¡al cabo de varios meses!

Si tiene miedo de seguir tu propia intuición, empieza con algo de poca importancia, donde no haya presiones ni por parte tuya ni por la de los demás para que se haga correctamente; por ejemplo, qué libro debes comprar. Luego, a medida que vayas sintiendo más confianza, puedes ir probando con cosas más importantes.

Mereces ser feliz. No estás aquí para sufrir. Pero a veces, cuando te sientes feliz y satisfecho durante un largo periodo, te parece que eso es demasiado hermoso para ser verdad. En cambio, sucede todo lo contrario cuando te sientes deprimido. Por eso es importante darse cuenta de que tu estado natural es estar alegre, que ése es el estado normal de tu autoestima. También puedes creer que si tus circunstancias fueran diferentes te sentirías más alegre, pero éste no es necesariamente el caso. No necesitas esperar. Date cuenta de que puedes decidir sentirte alegre desde ahora mismo. Puedes elegir cómo debes sentirte y averiguar por ti mismo qué es lo que te haría feliz y luego anotarlo en algún sitio.

Por ejemplo, a menudo queremos que los demás nos presten su atención a fin de sentirnos más felices. Es necesario que lo hagamos por nuestra cuenta. Esto te liberará a ti y a la otra persona. Es importante comprender que nadie puede asumir la responsabilidad de tu felicidad a largo plazo, ni la de los demás. Así, deberías decirte hoy cuando termines cualquier tarea ineludible: «¿Qué podría hacer que fuera bueno y alegre para mí?». Hacer lo que es bueno para ti y vivirlo con alegría nos hace menos dependientes y menos exigentes. Mantenerse feliz no nos hace menos generosos, compasivos y amables con los demás.

¿Verdad que no tratarías deliberadamente mal a alguien? De hecho sabemos encontrar la manera de hacer aquello que es bueno para los demás. Pero tendemos a ser severos hacia nosotros sin pararnos a mirar si podríamos tratarnos bien. Especialmente cuando uno está bajo presión, es de sentido común tratarse amablemente y no decidir, por ejemplo, pintar el vestíbulo de la casa justo cuando se tiene que entregar un trabajo dentro de un plazo límite. Este principio se aplica a todos los ámbitos de la vida, así que trata de hacer día a día qué es aquello que puede hacer que te resulte placentero.

Tratarse bien a sí mismo denota una alta autoestima. La severidad y el autocastigo nunca te harán sentirte mejor. Sin embargo, puedes no haber pensado qué es lo mejor para ti. Incluso cuando estés muy ocupado, es importante que emplees algún tiempo en hacer cosas que te gusten. Seguramente te agrada tu trabajo y el cuidado de tu familia, pero es muy importante que te tomes algún tiempo libre para hacer lo que realmente quieres. Hay maneras de ser más amable consigo mismo en lo que respecta a tu cuerpo, por ejemplo, no forzarlo hasta el punto del agotamiento. ¿Te aseguras de pasar tu tiempo con personas divertidas y que te apoyan y no sólo con aquellas a las que puedes ayudar y apoyar? Especialmente cuando estás ocupado es importante que seas amable contigo mismo.

A medida que vayas practicando el desarrollo de una mayor autoestima, deberás esperar mejoras de inmediato. Te darás cuenta ya de qué piensa y te sentirás mejor acerca de ti mismo y de tu vida. Puede recordar las tres "A" de la construcción la autoestima: apreciarse, aceptarse y aprobarse. Cuando empieces a dejar de culparte y aprendas a preocuparte menos, tendrás muchas más energía. Mantente a la escucha de tus presentimientos, tu intuición personal sobre aquello que es correcto para ti.

Es fundamental que, cualquiera que sea tu edad, veas qué es lo que quieres conseguir y decidas qué es importante para ti. Quienquiera que seas, cualesquiera que sean tus circunstancias actuales, nunca te subestimes. Nunca podrá haber otro. Por tanto relájate y no olvides respetarte. Como verás en los próximos capítulos, podrás crear un estilo propio de logros que será perfecto para ti. Cada objetivo personal está diseñado para ayudarte a pensar más en lo que has estado leyendo y como un modo de aplicar la autoestima en tu vida, tus preocupaciones e intereses.

Conoce al crítico que llevas dentro

No te preocupes si oyes voces dentro de tu cabeza; nos sucede a todos. Reciben el nombre de conversación interior o monólogo interno. Se trata de comentarios naturales y cotidianos que te ayudan a interpretar todo cuanto sucede, evitar peligros, huir del dolor, buscar placer o provecho, elegir caminos y tomar decisiones.

El pensamiento crítico es una facultad esencial de las personas: debemos emitir juicios críticos para sobrevivir. Cuando se padece de una baja autoestima, se dirigen demasiados juicios críticos hacia uno mismo. Es entonces cuando perdemos el control sobre ellos y comienzan a tener una existencia propia. La voz crítica de nuestra cabeza que no podemos controlar se llama crítico patológico.

El crítico patológico es esa voz interior negativa que dice: «Soy gordo, soy feo, soy incompetente». El crítico te carga con la culpa de todo lo que sale mal, te compara con otras personas y siempre llega a la conclusión de que no das la talla. Siempre espera que seas perfecto, por eso te recuerda constantemente debilidades y defectos y, sin embargo, ni una sola vez menciona tus puntos fuertes y tus méritos. El crítico lee el pensamiento de tus amigos y te dice que se aburren contigo y que están hartos de ti. Se expresa con afirmaciones absolutas de estilo de: «Siempre lo fastidias todo y nunca eres capaz de acabar nada a tiempo».

Puede ser la voz de un hombre o de una mujer, como la de tu padre o tu madre, o incluso tu propia voz. Mucha gente ni siquiera la oye como una voz distinta de la suya; tan sólo les vienen a la cabeza «verdades» o «hechos» de crítica personal. Ésa es una característica clave del crítico patológico: no importa lo exageradas que lleguen a ser sus afirmaciones, siempre parecen ciertas y por eso las crees sin ponerlas en duda.

Para mejorar tu autoestima debes comenzar por darte cuenta de cuándo aparece tu crítico patológico y cuestionar entonces sus afirmaciones. En primer lugar, piensa en esa verdad negativa sobre ti mismo (es decir, algo que tú consideres negativo) en la que crees a ojos cerrados. ¿Cuál es tu mayor vicio, ese punto débil, incapacidad o carencia que te resulta obvio tanto a ti como a aquellos que te conocen? Tal vez se trate de algo tan evidente y objetivo como: «Soy bajo», «Dejé los estudios en el instituto», o «Estoy soltero».

Durante lo que queda de hoy y todo el día de mañana, limítate a observar cuántas veces te viene ese hecho a la cabeza. Lleva contigo lápiz y papel y toma nota de cuántas veces has pensado en ello. Si escuchas unas palabras en concreto, anótalas también. Te servirá de buena práctica para realizar ejercicios posteriores.

Por el momento, sin embargo, no hagas más que ser consciente de la frecuencia con la que ese hecho te viene a la mente. Parece mucho, ¿verdad? Ése es el crítico patológico, que siempre llama tu atención sobre los aspectos negativos recordándote sin descanso cuáles son tus defectos y tus desventuras. Una vez hayas observado lo presente que esa creencia está en tu vida, podrás continuar adelante.

Tu guía interior

A veces, cuando te sientes perdido o con la moral baja, desearías conocer a alguien muy sabio, alguien que pudiese ayudarte a sentirte mejor. La verdad es que ya conoces a esa persona tan sabia: eres tú. En realidad, nadie sabe más de ti que tú mismo y, a pesar de que esa sabiduría se encuentra a veces escondida (en ocasiones es incluso inconsciente), estará a tu alcance si cuentas con técnicas para acceder a ella.

Una manera muy sencilla de entrar en contacto con tu sabiduría adquirida es imaginar a un guía interior; la personificación del más profundo conocimiento sobre ti mismo, un ser que puede aclararte tus sentimientos y mostrarte el camino que lleva a la aceptación personal. Tu guía interior puede tomar la forma de un padre fallecido, un amigo al que le perdiste la pista hace tiempo, un profesor, un personaje de un libro o una película, puede ser incluso un animal.

Si quieres, escoge conscientemente cuál será tu guía interior. Otra opción es esperar a ver qué clase de figura conjura tu subconsciente durante el ejercicio que presentamos a continuación. Antes de empezar, ten presente esta advertencia: si en algún momento te sientes incómodo o el guía que está emergiendo te resulta amenazador o te da miedo, detén la visualización y vuelve a intentarlo más adelante. Espera a encontrarte en un estado mental que te permita crear un guía alentador, seguro, cálido y agradable.

Cierra los ojos e imagina que llaman a la puerta. Observa cómo te levantas y te diriges lentamente hacia el sonido del timbre. Te acercas a una gran puerta de cristales ahumados que está protegida por una pantalla de red metálica. A través del cristal de la puerta comienzas a vislumbrar la silueta de tu guía. Fíjate en todos los detalles de su físico. ¿Es alto o bajo? ¿Delgado o grueso?

Abre la cerradura y la puerta de cristal, pero deja cerrada la pantalla de red metálica. Ahora puedes ver por completo a tu guía a través de la pantalla, aunque aún está un poco en sombras. Mira con atención y observa todos los detalles del aspecto físico de tu guía. ¿Se trata de alguien a quien conoces? ¿Es alguien sobre quien has leído algo o al que has visto en alguna película? Es posible que tu guía sea una combinación de personas que hayas conocido.

Cuando te sientas a gusto con tu guía, abre la pantalla e invítalo a que pase y se siente contigo un rato. Sonríe y tu guía te devolverá la sonrisa. Daos la mano, tocaos o abrazaos si te sientes bien haciéndolo. Pregunta a tu guía: «¿Deseas ayudarme?». Espera su respuesta, te contestará con palabras, con gestos, o tal vez puedas sentir su contestación. A continuación, pregúntale: «¿Cómo puedo valorarme? ¿Cómo puedo encontrar lo bueno que hay en mí?». Acepta la respuesta, cualquiera que sea, sin emitir ningún tipo de juicio.

Tal vez te veas obligado a imaginar a tu guía varias veces antes de empezar a recibir repuestas claras. Puedes consultar con tu guía todas las veces que lo desees y sobre cualquier tema: problemas por los que estés atravesando, cosas que te tengan preocupado, decisiones que debas tomar o aspectos de tu vida que no tengas claros. Tal vez te sorprendan la claridad y la simplicidad de sus contestaciones. Cuando hayas acabado, despídete de tu guía y déjale marchar. No olvides que te puede visitar cada vez que necesites recordar tu valía personal o que precises de ayuda para decidir qué camino seguir.

No seas tan perfeccionista

El problema que implica ser perfeccionista es que todo lo que no sea perfecto desagrada. Puesto que los momentos perfectos, mágicos, de la vida son escasos y, en cambio, abundan los momentos más o menos mediocres, un perfeccionista sólo es momentáneamente feliz, lo cual resulta bastante tedioso.

Si reconocemos que no se dan las personas perfectas, las relaciones perfectas ni las acciones perfectas, seremos más felices en nuestra vida cotidiana.

Antes, a una parte de mí la llamaba Señora Perfecta. Cuando la visualizaba era alta, delgada, más tiesa que un palo y con el pelo severamente recogido. Llevaba gafas de media luna, un práctico jersey con parches en los codos y guantes blancos con los que evaluaba mi habilidad para mantener la casa limpia. Me hizo sentirme desgraciada hasta que aprendí a tranquilizarla, haciéndome amiga de ella y descubriendo lo que quería de mí.

A medida que conocí a la Señora Perfecta, comprendí que ella creía ser el único de mis caracteres que actuaba con responsabilidad. Creía que tenía que soportar por sí sola las cosas de adultos y, por tanto, no tenía más elección que ser un rígido y severo capataz. Lo que quería de mí era que fuese más responsable y madura. A medida que empecé a trabajar en eso, se relajó y empezó a ser menos criticona.

Fíjate en tu perfeccionista y hazte estas preguntas: ¿Cómo es mi perfeccionista? ¿Por qué actúa así? ¿De qué tiene miedo? ¿Qué quiere de mí? ¿Quiero conocer esa parte de mí para transformarla dándole lo que necesita? Al suavizar a nuestra perfeccionista tejemos una red de seguridad sin los peligrosos agujeros de las demandas imposibles.

Sé realista (con un punto de locura)

En nuestro ajetreado mundo es fácil dejarse llevar por la ceguera ante un objetivo, es decir, no ver nada excepto la meta que se tiene delante. Cuando padecemos esa ceguera, una maravillosa puesta de sol, el cumpleaños de un amigo, o incluso la infancia de nuestros hijos, pueden pasar ante nuestra vida sin que realmente les prestemos atención.

Es necesario y saludable tener objetivos alcanzables y realistas, salpicados con algunos idealistas y difíciles de realizar; pero si estamos cegados por llegar a la meta, sacrificando la espontaneidad, la diversión o la familia, es que probablemente estamos obedeciendo a algún miedo que debemos descubrir y curar.

La ceguera de objetivos conduce a una vida desequilibrada. Vivimos tiranizados por lo que «hay que hacer» y empezamos a dar bandazos, como si estuviésemos en un banquete digno del mejor gourmet y sólo tuviésemos tiempo para comer pan.

Para llevar una vida saludable debemos equilibrar nuestras actividades internas y externas, estabilizar la oscilación entre hacer y ser, dar y recibir.

Si te sientes atormentado por la ceguera de objetivos, plantéate dos preguntas: ¿qué miedos me impulsan a trabajar de forma tan compulsiva? y ¿qué se sacrifica cuando yo persigo este objetivo? Cuando respondas, hazlo con amor y sin ánimo de juzgar. Estás haciendo lo mejor que puedes y estás en proceso de elegir nuevas opciones. Es una decisión que merece orgullo, no castigo. Luego piensa qué paso estás dispuesto a dar para que haya más equilibrio en tu vida.

La ceguera de objetivos lleva a la precipitación. El atropello es inhumano e insultante para todos los seres vivos, incluyéndonos a nosotros. Aunque es difícil romper el hábito de correr ciegamente hacia nuestras metas, podemos hacerlo. Con conciencia y voluntad, podemos aprender a saborear todas las delicadezas que la vida nos ofrece.

Revisa tu guión interior

Para mantener unas relaciones satisfactorias es importante saber realmente quién somos. Esto es esencial porque, en la medida en que nos desconocemos o no vemos nuestros aspectos vulnerables y nuestros prejuicios, proyectaremos inconscientemente esos defectos en nuestras relaciones con los demás.

Por ejemplo, si nos regañamos y juzgamos cuando cometemos una equivocación, es probable que pensemos que otras personas también nos juzgan, cuando, de hecho, puede haberles pasado totalmente inadvertido el error.

Cuando decimos cosas como «No me lo permitirá» o «No escuchan» debemos preguntarnos si en realidad estamos proyectando el sentimiento interior de que «No me fío de que yo pueda hacer eso» o «No me escucho porque temo no tener nada interesante que decir». Si es así, necesitamos revisar y corregir nuestros guiones interiores y los sentimientos que crean.

Es imposible pedir a «los demás» que nos traten como ni siquiera nosotras nos tratamos. Por ello, cuando proyectamos nuestros objetivos pendientes en los demás, debemos ser conscientes de ello para reformar esas proyecciones y remediar los erróneos conceptos sobre nosotras que las crean.

Somos protagonistas de nuestras vidas y podemos escribir nuevos guiones favorables atribuyéndonos un papel digno Así es más probable que los que nos rodean nos aprecien de veras, con lo cual mejorarán nuestras relaciones.

Sé independiente

Si continuamente miramos a los demás para sentirnos seguros, confiamos en ellos para que nos hagan creer que valemos la pena y contamos con su amor para pensar que merecemos que nos quieran, responsabilizamos a otra persona de la calidad de nuestra vida. Eso nos hace excesivamente dependientes, cosa que, en cualquier caso, es negativa.

En las relaciones sanas hay una interdependencia mutua, pero debemos deshacernos de la dependencia que perjudica nuestro amor propio y nuestro bienestar.

Es evidente que hay veces en que es natural y apropiado buscar seguridad en los demás.

Cierra suavemente los ojos y ponte cómodo. Imagínate en un lugar bonito, sereno y seguro. Sumérgete lentamente en el ambiente de ese sitio especial. Invita a estar contigo a una presencia que simbolice tu seguridad interior. Puede aparecer como persona o como símbolo, como un animal o una luz blanca; cualquier símbolo es válido en la medida en que sientas que te quiere y que estás bien en su compañía.

Empápate de la sensación de estar protegido y formar un todo con tu seguridad interior. Pregúntale cómo puedes conocerla mejor y llamarla cuando la necesites.

Es reconfortante.

Dale las gracias por aparecer ante ti y hazle saber lo mucho que la aprecias.

Cuando aprendamos a confiar en nuestra fuerza inherente y la aceptemos como una parte integral de nuestra personalidad superior, dejaremos de depender excesivamente de los demás para dar paso a la interdependencia de apoyo mutuo.

II. TOMA EL CONTROL DE TU PROPIA VIDA

Programa tu mente

Tú debes decidir, desde tu propio punto de vista, cómo debe ser tu día, tu vida y tu mundo. Tienes este poder porque tus pensamientos, que son sólo tuyos, son tan reales como todo lo que puedas tocar, sentir u oler. Ahora bien, si dejas que los pensamientos con un bajo nivel de autoestima paseen continuamente por tu mente (y la mayoría de nosotros lo solemos hacer, por ejemplo: «No lo estoy haciendo bien, no soy lo suficientemente bueno, probablemente no me quieren, no seré capaz, no lo estoy haciendo bien, no soy lo suficientemente bueno») entonces sí que te sentirás bajo de energías y no muy optimista. Todos conocemos personas a las que parece que nada les funciona y al oírlas hablar empezamos a comprender por qué: sus pensamientos no son positivos. Dicen cosas como: «Nada me va nunca bien». ¡Y nunca va! Por otro lado hay gente cuyos pensamientos les resultan de provecho. Se acuerdan de decirse a sí mismos: «Lo hago bien, puedo manejarlo. ¡Todo saldrá muy bien!». Con esto están afrontando de la mejor manera posible cualquier situación.

Un hombre se había fijado unos determinados objetivos en el trabajo que todavía le parecía no haber conseguido. Confesó que todo el tiempo se decía a sí mismo que no podía hacer esas cosas y que no era lo suficientemente bueno, que las metas que se había fijado estaban más allá de sus posibilidades. Cuando cambió sus pensamientos para darse apoyo y pasó a la acción, logró lo que quería hacer. Es contraproducente fijarse unas metas que se quieren lograr y al mismo tiempo decirse: «No seré capaz de hacerlo. Está resultando muy difícil». Cambia estos pensamientos por: «Lo puedo hacer, resulta fácil y sin problemas».

Nuestros pensamientos afectan directamente a nuestra manera de sentir y de vivir. Repítase constantemente que es un inútil, un fracaso, y realmente sentirás y actuarás de esa manera. En cambio debes repetir: «Lo estoy haciendo bien. Soy lo bastante bueno. La gente como yo lo puede hacer». Es fácil ver que, al mejorar nuestros pensamientos cuando notemos que estamos decaídos, esto nos ayudará a encontrarnos mucho mejor.

Tu vida es importante

¿Recuerdas a James Stewart desesperado en el puente? Recuerda también cómo un ángel le mostró una realidad diferente: su ciudad, sus amistades, su familia tal y como habrían sido de no existir él. Así se dio cuenta de que el mundo sería un lugar mucho más oscuro sin él. A veces se olvida con facilidad lo mucho que influimos de forma positiva en la vida de los demás. Puede que no seas un famoso escritor, ni el director de una empresa, pero tu vida es importante. Tu familia, tus amigos e incluso tus conocidos y compañeros de trabajo están influidos por ti en pequeña o gran medida. Un elemento clave de la autoestima es saber que ocupas un lugar único en el mundo y que nadie podría llenarlo de la misma forma que tú. Ahora mismo, confecciona una lista con todas las personas en las que has influido de una u otra manera durante tu vida (presente y pasada). Anota desde familiares cercanos hasta alguien a quien ayudaste con las matemáticas en el tercer curso del colegio; desde tu mejor amigo hasta el guardia de seguridad al que saludas en el trabajo. Escribe todos los nombres que te vengan a la cabeza. Al lado de cada nombre, enumera una o más formas en las que has dado algo positivo a esa persona. No importa si ha sido algo grande o pequeño, ayer mismo o hace más de cuarenta años. Ni siquiera es relevante que ellos lo hayan reconocido o se acuerden de ello. Lo importante es que tú lo recuerdas. Entre las labores rutinarias, las batallas de todos los días, los fracasos y los momentos de gran dolor, puedes descubrir que tu vida es maravillosa. A veces resulta complicado darse cuenta de ello, pero es cierto. Es una realidad que debes descubrir y que finalmente lograrás valorar.

Soy lo que pienso, soy lo que siento

Los pensamientos positivos ayudan al que los tiene; los pensamientos inútiles no. Lo que piensas afecta a cómo te sientes y actúas. Recuerda siempre que puedes escoger los pensamientos en los que hacer hincapié. Tú eliges tus pensamientos y eres quien eres en gran medida a causa de ellos. Tu mente es como un ordenador. Aparece lo que le programes. De niño, muchos de sus programas habrán sido «escritos» por sus padres, maestros y demás. Casi todo esto habrá resultado provechoso, pero algunos de esos pensamientos pueden no ser adecuados para la vida adulta. Además, los niños son seres autodeterminados; a una edad muy temprana se forman opiniones firmes y tienen puntos de vista que pueden no ser pertinentes durante mucho tiempo. Necesitas estar seguro de que tus pensamientos te resultan de provecho.

Tú puedes diluir o desplazar pensamientos que quiere que se vuelvan realidad. La cuestión importante no es si eso es verdadero o no, sino si quieres que un pensamiento se vuelva realidad.

No es conveniente intentar influir en otras personas contra su voluntad, especialmente en cuestiones personales, aunque puedes ejercer influencia si tienes pensamientos positivos. Mientras no podamos influir directamente en otras personas, y ciertamente no podemos hacer que vean nuestro punto de vista, sí podemos perfectamente afectarles en cómo nos sentimos ante cualquier situación y cómo la afrontamos. Al advertir los pensamientos conscientes que no sean provechosos, podrás darte cuenta de aquellos otros más inconscientes y que afectan en cómo te comportas y sientes ante diversas situaciones. Cuando algo se repite o persiste molestándote, puedes ayudarle a advertir si alguna de tus creencias o pensamientos subyacentes no te están revelando los resultados que quieres. Una vez reconozcas el pensamiento, puedes disolverlo y borrarlo o transformarlo en un pensamiento positivo.

Afirma lo bueno que hay en ti

«Cada día, en cada momento, me siento mejor y mejor». Esta frase es una forma de entrelazar verdades y creencias esenciales con la vida cotidiana. Las afirmaciones diarias pueden reforzar tu sentimiento de valía intrínseca. Cada vez que afirmas lo bueno que hay en tu interior, rechazas antiguos mensajes negativos de tu pasado.

Al crecer recibiste muchos golpes, igual que todo el mundo. Las etiquetas que te colgaron entonces aún te afectan en la actualidad. En lugar de la voz de tus padres, ahora se trata de tu monólogo interior el que susurra: «Eres estúpido», «Eres un vago». Esto recibe el nombre de introyección: tomar juicios de otros y convertirlos en juicios propios sobre tu persona.

Las afirmaciones pueden funcionar como escudo contra esa voz crítica. Dejas de escucharla porque en su lugar tienes algo nuevo y positivo a lo que prestar atención. Echa un vistazo a tu lista de puntos fuertes y cualidades positivas. Selecciona una que ahora convertirás en una afirmación. Debe ser una frase afirmativa y de una sola proposición, como éstas:

- Siempre he sido leal a mis amigos.
- Soy una buena persona.
- Me esfuerzo mucho en todo lo que hago y creo importante.

- Soy una persona generosa.
- Mis manos son fuertes y trabajadoras.
- Tengo una inteligencia creativa y curiosa.
- Se me da bien crear atmósferas agradables.
- Tengo una cara atractiva.
- Soy una persona dulce.
- He conseguido un cuerpo fuerte y sano.
- Soy bueno con mis hijos (padres, amigos, etcétera).
- Siempre intento hacer lo correcto.
- Soy el mejor cocinero en varios kilómetros a la redonda.
- Puedo hacer el crucigrama del periódico del domingo sin ayuda.

Escribe una afirmación cada mañana. Escoge algo de lo que te sientas orgulloso, algo que creas cierto sobre tu persona. Ten en mente esa afirmación durante el resto del día utilizando una señal que te ayude recordarla. Por ejemplo, puedes cambiarte el reloj de muñeca cada día. Cuando mires la hora te acordarás de que debes utilizar la afirmación.

Al convertir las afirmaciones en parte de la vida cotidiana, podrás continuar reforzando tu autoestima.

Sé generoso

Te resultará muy útil concentrarte expresamente en pensamientos positivos relativos a una persona o a una situación. La generosidad empieza con pensamientos favorables sobre ti mismo y los demás. A medida que tu autoestima crece, puedes volverte más generoso para ti mismo y para los demás.

Puedes enviar por adelantado pensamientos y sentimientos de buena voluntad, por ejemplo, hacia todos aquellos con los que trabajas, explicándoles mentalmente cuánto les aprecias a ellos y a su aportación. Especialmente en nuestras relaciones más íntimas tendemos a fijarnos en los aspectos que no nos gustan, las cosas que consideramos que no funcionan. En su lugar puede ser útil centrarse deliberadamente en lo que nos gusta de una persona, lo que tiene de bueno, sus puntos fuertes y su bondad.

También te sentirás bien si tienes pensamientos positivos porque éstos te afectan ante todo a ti y más que a los demás. Cuando tienes pensamientos agradables y armoniosos hacia otras personas o sobre ti mismo, te sientes agradable y armonioso. Cuando emites pensamientos de odio y resentimiento, eres el único que se ve más afectado. Sólo tú recibes la maldición o la bendición de tus propios pensamientos.

Lo que piensas no afectará necesariamente la actitud y el comportamiento de las otras personas, especialmente si éstas tienen una agenda diferente a la suya. Hay gente que no actúa con armonía y benevolencia, a pesar de enviarles pensamientos provechosos continuarán yendo a la suya. Debes dejarlos así y seguir con tu propia vida. Afortunadamente, si envías pensamientos armoniosos y de buena voluntad a los otros, hay una tendencia a que te sean correspondidos.

El poder las emociones

Los pensamientos que tenemos nos afectan ante todo a nosotros, para lo bueno o para lo malo. Pueden incluir mucha emoción, y esto los hace más poderosos tanto en cómo nos afectan como en el tipo de resultados que obtenemos. Esto puede ser excelente para vigorizar tus pensamientos con una fuerza emocional. Sin embargo, si adviertes que ha pasado de un apasionado: «Quiero tener esto», a un más desesperado: «Tengo que conseguir esto», entonces debes volver a una situación más equilibrada. Un hombre o una mujer desesperado no está en una buena posición. Desde una situación menos desesperada y más centrada es más probable que consiga lo que quiere.

Puedes ir más allá del pensamiento positivo, hacia un estado en el que tu mente y tus emociones se focalicen en lo que quieres conseguir. Si además conectas con tu intuición para averiguar lo que es adecuado para ti y actúas de la manera correcta, estarás definitivamente en el camino del éxito.

Si quieres tener más éxito en un ámbito concreto, necesitarás identificar los pensamientos positivos que te resulten correctos. Puedes cambiar un antiguo pensamiento negativo e introducir uno nuevo y positivo. Añade a esto la energía emocional de lo que esperas sentir y llévalo a tu sensibilidad. Esto te ayudará a traerlos hacia ti o conseguir el resultado que deseas. Nuestros pensamientos y emociones son muy poderosos. Si los usamos juntos nos podremos ayudar más.

La lectura del pensamiento

La lectura del pensamiento es un destructor de la autoestima con el que se da por sentado que todo el mundo piensa de la misma forma que tú. Lo cierto es que se trata de un hábito fácil de adquirir porque se basa en la proyección: la creencia de que los demás comparten tus opiniones negativas sobre tu persona.

La lectura del pensamiento es peligrosa, porque los defectos que tú no soportas de tu persona rara vez son tan importantes para los demás. A menudo son completamente invisibles. Lo cierto es que te irá mucho mejor si evitas sacar conclusiones sobre la actitud de los demás hacia ti. No supongas nada y mantén siempre una mentalidad abierta, al menos hasta que encuentres pruebas reales en lo que ellos te digan. Intenta no olvidar que tus ideas sobre los demás son sólo hipótesis que tienes que comprobar... preguntando. Verificar las suposiciones que has leído en el pensamiento de otra persona puede protegerte de serios golpes en la autoestima.

La lectura del pensamiento tiene lugar cuando presupones conocer lo que los demás sienten y piensan. Si alguien dice o hace algo que te lleva a pensar que no le gustas, haz un esfuerzo por encontrar pruebas. ¿Qué es lo que te ha dicho, si es que te ha dicho algo? Imagina, por ejemplo, que has entendido mal la actitud que tu suegra tiene contigo y crees que no aprueba que te hayas casado con su hijo o su hija. A pesar de que te pueda parecer cierto (a juzgar por la forma brusca en que te trata a veces), continúa siendo necesario que confecciones una lista mental con otras posibles interpretaciones.

Encuentra un modo de comprobar lo que te preocupa. Utiliza preguntas como: «Tengo la sensación de que no estás contenta conmigo por alguna razón. ¿Es así?». Recuerda, nunca des nada por sentado. Cuando te descubras leyendo el pensamiento de alguien, es muy importante que busques pruebas, hagas una lista de posibles interpretaciones y luego las compruebes directamente con esa persona.

Elige pensamientos beneficiosos

Escribe todos los pensamientos sobre ti mismo que te sirvan de apoyo y te resulten positivos. Por ejemplo: «Soy un buen oyente, consigo hacer las cosas». Estos son pensamientos para recordar y repetir. Anota aquellos pensamientos que tengas y no te ayudan. Por ejemplo: «No soy bueno con la gente, nunca acabaré este proyecto». Cuando los haya identificado, disuélvelos o anúlalos. Déjalos partir. Puedes imaginar gráficamente este acontecimiento.

En una situación que no funcione advierte qué puedes hacer para que tus pensamientos te apoyen a ti y a la situación. Primero anota lo que vayas identificando como pensamientos negativos sobre la situación, por ejemplo: «No soy lo suficientemente bueno para avanzar con este trabajo; requiere demasiado tiempo; nunca lograré hacerlo». Ahora transfórmalos en pensamientos positivos, por ejemplo: «Soy más que bueno para avanzar con este trabajo. Termino las tareas y proyectos que he escogido con confianza, competencia y facilidad». Ahora comprueba que esos ajustes te satisfacen. No parecerán correctos inmediatamente, ¡si no, no te molestarías en repetirlos!

Si quieres una situación concreta, pregúntate cuáles serían los pensamientos más positivos que podrías tener sobre los resultados. Tan pronto fijes una meta y pases a la acción, recuerda continuamente estos pensamientos positivos para tener unos resultados beneficiosos.

Evita los pensamientos negativos

¿Nunca has tenido la sensación de que todo lo que oyes es negativo? Puede tratarse de un gran destructor de la autoestima. Tan sólo eres capaz de ver y oír ciertas cosas, como las equivocaciones, los rechazos, las pérdidas, etcétera. Es como si tus ojos y tus oídos tuviesen, literalmente, un filtro que deja pasar todo lo malo pero mantiene lo bueno fuera de los límites de tu percepción. Es como pasar por un colador el zumo recién exprimido de una naranja y quedarse sólo con la pulpa.

Si encuentras pruebas de tus defectos, fracasos e insuficiencias en muchas situaciones, mientras que prestas poca atención a tus puntos fuertes y tus méritos, los filtros pueden ser uno de los destructores de tu autoestima. Supongamos que has preparado una cena para tus amigos y que todos te dicen lo mucho que les ha gustado la comida, pero resulta que tu hermano ha comentado que la sopa estaba un poco salada...y todo lo que recuerdas al final de la velada es que se te ha ido la mano con la sal. Ahí tienes un ejemplo de filtro.

Si luchas contra los filtros porque sólo tienes en cuenta equivocaciones, defectos y fracasos, necesitas modificar tu perspectiva y buscar una realidad más equilibrada y positiva en toda situación.

Recuerda siempre cuáles son tus puntos fuertes

¿Nunca has tenido la sensación de ir caminando por ahí con un cartel en la espalda que anuncia tus defectos? ¿No has tenido la sospecha de que tus debilidades eran tan evidentes y tus defensas tan transparentes que sólo alguien ciego y sordo por lo que a psicología respecta podría pasarlos por alto?

Al luchar contra una baja autoestima, se tiene una conciencia dolorosa y constante de las debilidades personales. ¿Has intentado dedicar el mismo esfuerzo a recordar tus puntos fuertes que a seguir de cerca tus errores? ¿Qué te parecería llegar al compromiso de recordar siempre lo que haces bien, lo que se te da bien y lo que te gusta de ti?

Una técnica sorprendentemente sencilla para recordar tus puntos fuertes es hacer carteles que te hagan pensar en ello. Compra fichas de 10 x 15 centímetros y escribe en cada una algún punto fuerte de tu lista. Puedes colgar esos carteles en el espejo del cuarto de baño, en la parte interior de la puerta de casa, en el armario, en la nevera, cerca de un interruptor de la luz, llevarlos dentro del maletín o de la bolsa de deporte que llevas al gimnasio. También puedes llevar esos recordatorios con tus tarjetas de visita, en la cartera o en la guantera del coche.

Cuando encuentres uno de esos puntos fuertes de tu lista que quieres enfatizar y recordar, escríbelo en una ficha utilizando una frase completa, que sea afirmativa y clara. Una mujer escribió estas seis fichas para recordar sus puntos fuertes y las pegó en diferentes lugares:

- Dedico tiempo y atención a mi hija.
- Cuidé de mi padre cuando estuvo enfermo.
- He adiestrado dos maravillosos caballos de carreras.
- Me rebelo contra las injusticias.
- Me tomo mi tiempo para disfrutar de los colores del amanecer.
- Sé escuchar a mis amigos.

Como has visto, estas fichas no tienen por qué decir nada grande ni extraordinario. Basta con escribir cosas sencillas que te gusten de tu persona. Si te preocupa que alguien las lea, puedes evitar pasar vergüenza abreviando. Por ejemplo, la frase «creativo en el trabajo» podría aparecer en la ficha como C.T. La gente se preguntaría qué es, pero no lo adivinaría nunca.

Cambia estas señales de recordatorio más o menos cada semana, de manera que puedas destacar nuevos puntos fuertes y cualidades de los que te sientas orgulloso. Un buen indicio de que ya es hora de cambiar una ficha es cuando parece confundirse con el fondo. Si no la lees, no sirve de nada. Al ir alternándolas o cambiándolas de vez en cuando, conseguirán llamar tu atención de nuevo.

No te culpes por todo

La culpabilidad es un destructor de la autoestima que hace que te culpes de todo cuanto sucede. No importa lo más mínimo si ha sido culpa tuya o no: te culpabilizas de cosas sobre las que casi no tienes control. Puede que te culpabilices por el estado de tu salud, por tu aspecto físico, hasta por tus relaciones con los demás, etcétera. A pesar de que es bueno responsabilizarse de la vida de cada uno, llevas eso hasta un extremo y te ves patológicamente responsable de todo cuanto sucede.

Una buena táctica para reconocer este destructor de la autoestima es percatarte de si te disculpas constantemente. Tu amigo ha llegado tarde, pero tú te disculpas porque eso te haya molestado. Tu jefe te pide que hagas unos pequeños cambios en tu proyecto y tú le dices: «Siento haber entregado un trabajo tan malo». Éste es un hábito que puede taparte los ojos frente a tus buenas cualidades y talentos personales. Si aún eres buen amigo de todos tus compañeros de piso de la época de la universidad, excepto de uno que nunca te devuelve las llamadas, enseguida sacas la conclusión de que no debes de estar a la altura de esa persona. Sin embargo, en la realidad, no siempre eres tú la causa de las acciones de los demás.

Si sospechas que estás cayendo en el hábito de la culpabilidad, oblígate a comprobarlo. No tienes por qué desmoralizarte si tienes algún defecto; es normal, les sucede a todos los seres humanos. Todo el mundo puede mejorar áreas de su persona, pero los defectos no son el reflejo de una culpa innata. El sentimiento de culpabilidad tiene lugar cuando te castigas por cosas de las que no tienes la culpa. Te culpas por ser despistado, por no tener un trabajo mejor, por no ser mejor padre, por no apoyar lo bastante a tu pareja, etcétera. Incluso te culpas por cosas sobre las que sólo tienes un control relativo, como el mal estado de tu salud o la forma en que los demás reaccionan frente a ti. Un ejemplo muy clásico de sentimiento de culpabilidad es no poder «recuperar la alegría» tras una temporada en la que te has sentido algo deprimido. De alguna forma, te sientes desconectado, solo, y te culpas por ello: «Yo tengo la culpa de que la gente no soporte estar conmigo».

Deja de torturarte. Intenta recordar que siempre has hecho todo lo que has podido. Reconoce el esfuerzo que dedicas a todos los días de tu vida. Recuerda que tus miedos, tus esperanzas, tus habilidades, tus conocimientos, tu dolor y los condicionantes del pasado te afectan tanto a ti como a tus decisiones. Has tenido que hacer frente a muchísimas cosas.

Acepta el perdón y tendrás mejor concepto de ti

Para poder disfrutar de auténticas y estrechas relaciones con los demás, debemos comprendernos y perdonarnos a nosotros y a los demás.

El hábito infantil de excusar va paralelo a la negación, pues al disculpar salimos del apuro, sin enfrentarnos a las consecuencias o responsabilidades de la conducta. Las familias alcohólicas suelen girar alrededor de excusas.

El hecho de excusar es inherente a nuestra voluntad de responsabilizarnos de los actos de los demás. Por eso al disculpar continuamente actos inaceptables se crea un clima que dificulta el crecimiento y el aprendizaje. El excusar puede ser un desprecio implícito. Cuando disculpamos lo inexcusable, estamos diciendo sutilmente que la persona disculpada no es capaz de actuar correctamente.

Por otro lado, la comprensión es una sólida hebra de nuestra red de seguridad emocional. Comprender nuestros actos y los de los demás proporciona un honrado marco en el que podemos crear una atmósfera de aceptación y perdón, un entorno en el que las personas y las relaciones pueden madurar.

La comprensión requiere compromiso, energía y la voluntad de tener una actitud sincera y abierta para con nosotros mismos y los demás. Debemos esforzarnos para buscar los motivos que hay detrás de nuestras conductas o actitudes negativas y hacer lo necesario para corregirlas. Es evidente que no podemos hacer eso por los demás, pero cuando su conducta nos parece inaceptable podemos decírselo y luego retirarnos discretamente. Excusarse puede ser inicialmente más fácil que comunicar algo, pero no lleva a la intimidad, la honestidad ni la autenticidad.

Plántale cara a tus miedos

Una de las tareas más difíciles de mi vida es la de proponerse, y conseguir, considerar el miedo como una emoción positiva, que sirva para crecer, en vez de algo que haya que evitar a toda costa.

Aunque es improbable que a alguien le atraiga la perspectiva de sentir miedo, debemos desmitificar y desarmar el miedo aprendiendo a examinarlo. El miedo inexplorado tiende a estrecharnos en sus garras, y limitar así nuestra capacidad para vivir plena y felizmente.

Por otra parte, cuando tenemos la valentía de plantarle cara al miedo, solemos descubrir un valioso ámbito para conocernos mejor y lleno de posibilidades desconocidas. Al recorrer el camino para convertirnos en personas auténticas y seguras, daremos un paso importante si nos acercamos amistosamente al miedo, conscientes de que tiene mucho que enseñarnos.

Aunque no es fácil, debemos considerar el miedo como un maestro, para evitar que se convierta en un exigente e insoportable capataz. Cuando analizo mis propios miedos, encuentro ánimo, consuelo y apoyo en diversas fuentes.

III. SIGUE LOS DICTADOS DE TU VOZ INTERIOR

El poder de la intuición

Cuando las situaciones o circunstancias parecen ser molestas o difíciles, a menudo nos preguntamos qué es lo mejor que podemos hacer. A veces damos literalmente vueltas por la casa en un intento de determinar qué podemos hacer. Lo cierto es que las respuestas a lo que necesitamos y queremos saber residen en cada uno de nosotros y las podemos obtener escuchando a nuestra propia intuición. Hay momento en los que se requiere más información o consejo; por ejemplo, sobre procedimientos legales. Pero sobre los tipos de preguntas que constantemente nos hacemos, como por ejemplo: «¿Qué debo hacer ahora en relación a esto?», «¿cómo quiero relacionarme realmente con esta persona?» o «¿qué es lo mejor que puedo hacer por mí en estos momentos?», las respuestas residen dentro de ti. Sin embargo aunque sigas diciendo: «quiero saber qué hacer», podrías estar tan ocupado, tan ansioso y tan estresado que en realidad nunca podrás oír una sola respuesta a tu intuición.

La intuición es una parte vital de tu autoestima. Te orienta para hacer lo que te resulta mejor como persona única e individual. Lo que es mejor para otra persona puede no ser necesariamente mejor para ti. Tu intuición es una voz interior que te guía, te hace especial y embellece tu vida. Sin tu intuición derrocharías energía inútilmente, es como si te movieras por una carretera sin tener claro hacia dónde dirigirte y sin una luz que te oriente. Para empezar deberías estar más en contacto con su intuición durante el rato de relajación, cuando tu mente y tu cuerpo empiezan a sentirse más tranquilos y relajados. A las pocas semanas, al ejercitar las pausas y la relajación, podrás estar más en contacto con tu intuición durante todo el día.

Tal vez hayas tenido la experiencia de seguir con éxito un presentimiento. También debes de haber sentido tu intuición cuando has renunciado a intentar resolver un problema, has hecho otra cosa y la solución se ha presentado por sí sola. Sin embargo, esto puede ser un modo poco científico de resolver las cosas y puede además llevar mucho tiempo. Encontrar un modo de hacer esto mismo de una manera sistemática y regular te aportará más de los resultados y respuestas deseados. Mientras tu cuerpo y tu mente estén tensos, será más difícil escuchar a tu intuición. Por eso resulta práctico aprender a relajar el cuerpo y abandonar los pensamientos de trabajo. Cuando lo hagas regularmente, te sentirás más tranquilo y equilibrado. Percibirás las respuestas a las preguntas personales que te han estado confundiendo durante tiempo. Casi todos nosotros necesitamos antes establecer el hábito de relajarnos y calmarnos.

Tu intuición siempre es compasiva contigo mismo y con los demás. No te sugerirá llegar muy lejos con otra persona o con un esfuerzo que no sea apropiado en ese momento. Cuando lo llevas a cabo, al usar tu intuición tendrás la sensación de «esto es adecuado para mí». Además te sentirás a gusto en tu cuerpo. Aunque a veces te pueda parecer inusual lo que tu intuición te sugiere, a menudo resulta muy práctico.

Confía en ti y en los que te estiman

Una vez hayas aprendido a relajar cuerpo y mente te será mucho más fácil escuchar, darte cuenta de lo que es más adecuado para ti. Al principio podrás no reconocer la respuesta o recibirla en otro momento. Durante todo el día, en medio de tus actividades, puedes aprender a concentrarte y preguntarte: «¿Qué es lo mejor que puedo hacer a continuación?» o reajustar cuando te parezca que pierdes el tiempo. Escuchar a tu intuición es una maravillosa herramienta para administrar el tiempo. Tu intuición es la clave para saber lo que es correcto para ti, como individuo único, en cualquier momento.

Puedes preguntarte a ti mismo qué quieres saber y escuchar las respuestas. Normalmente no recibirás respuestas detalladas para varios años, pues ello no se correspondería con la idea de la vida como un camino que evoluciona, cambia y fluye. Sin embargo, te darás cuenta suficiente para confiar en que siempre vas a saber cómo comportarte y actuar. Sabrás qué pasos debes dar en todo momento. A veces el consejo será esperar y no entrar en acción.

Escuchar a tu intuición y actuar adecuadamente te protegerá de hacer cosas que no son respetuosas respecto a ti y respecto a los demás. Puedes evitar decir «sí» cuando quiere decir «no» y «no» cuando quieres decir «sí». Tu intuición te pondrá en contacto con tu propio objetivo en la vida y con lo que es importante para ti. Esto se irá desarrollando gradualmente.

Cuando empieces a escuchar a tu intuición te podrás preguntar: «¿Es el miedo, o incluso el prejuicio, el que está hablando?» Es útil distinguir tu intuición personal del miedo preguntándote: «¿Qué haría si no sintiera tanto miedo?». Sin embargo, no hay necesidad de ir más allá de lo que consideres apropiado para ti. De todos modos siempre sentirás miedo, así que sólo necesitas avanzar en lo que quieres hacer.

Desarrollas tu intuición identificándola y, lo más importante, usándola. Previamente habrás notado tu intuición en los sentimientos, al saber quién está llamando cuando suena el teléfono o al pensar en un amigo y descubrir que él estaba también pensando en ti. Aprende a callar y escucha diariamente a tu intuición; establecerás este enlace, haciendo más sencillo el ayudarte a ti mismo cuando sientas que una situación es muy urgente e importante.

Nuestra intuición es de uso exclusivamente personal, así que cuídate de lo que las otras personas deberían hacer cuando tú la uses. Además, si alguien quiere una explicación –especialmente cuando sabes que tus motivos pueden parecer sospechosos o no pensados con detalle–, ¡no digas simplemente que fue una intuición!

Traza un objetivo

Es importante fijarse objetivos usando la intuición. Si lo haces, las metas que establezcas serán las adecuadas para ti y puedes pasar mejor a la práctica. Aunque es bueno tener objetivos claros y precisos, también es importante dejar cierta flexibilidad sobre cómo estos objetivos tanto a largo como a corto plazo, estar concentrado aunque también flexible. Descubrirás nuevas maneras de hacer las cosas y una mayor creatividad. En el trabajo esto puede llevar a nuevos productos y servicios. Usada de una manera sistemática en el trabajo, la intuición aumenta tu productividad y eficiencia. En un grupo, una familia o un equipo hay una mayor armonía cuando las personas operan según su propia intuición que no según su ego. Usar tu intuición es mejor tanto para ti como para los demás.

Igual que las semillas se convierten en flores y frutos, todos nosotros tenemos en nuestro interior un modelo interno o proyecto de perfección. Por su naturaleza, este modelo es único y especial para cada individuo. El proyecto de una persona concreta nunca será válido para que lo siga otra. Naturalmente nos sentiremos más felices y realizados si seguimos lo que es el perfecto trabajo de nuestro modelo interior. ¿Cómo nos ponemos en contacto y sabemos cuál es este modelo interior? Obviamente porque cada persona es única y especial, nadie más puede decirnos cuál es. La clave para esta autocomprensión es escuchar a tu propia intuición.

A menudo nuestras fantasías recurrentes pueden proporcionar pistas, especialmente cuando nos vemos realizando el trabajo que nos encantaría hacer o actuando de un modo que es útil y sirve a los demás. ¿Cuáles son tus fantasías recurrentes? ¿No contienen las semillas de lo mejor que puedes ser, lo que te encantaría estar haciendo?

A veces vemos a otra persona haciendo algo y, aunque nadie puede verdaderamente emular a otra, sabemos que nos gustaría hacer eso o algo parecido. Confía en este sentido interior como orientación. Además, podemos volver a nosotros mismos y a nuestro modelo interno en nuestros ratos de tranquilidad, especialmente respecto a nuestro objetivo o propósito. Podemos plantear preguntas que ayudarán a desarrollar nuestro proyecto, pensando qué aspectos escogeremos. Podemos preguntarnos: «¿Qué es para mí lo más importante que hay que hacer?», «¿cómo quiero vivir mi vida?», «¿qué quiero conseguir en realidad?». Las respuestas vendrán, tal vez paulatinamente, exigiéndonos tener a mano una libreta y actuando adecuadamente.

Empezarás a notar que hay ciertas actividades que te resultan más vigorizantes. Imagina cuál sería tu vida perfecta, tu trabajo perfecto. Puedes anotarlo y describirlo. Sin embargo necesitas antes que este descubrimiento, este desarrollo de tu proyecto interior y tu sentido de la orientación tan importante para ti, sea una prioridad. Acostúmbrate a escuchar a tu intuición cuando te relajes cada día, así en otros momentos del día te resultará más fácil hacer una pausa y encontrarte a ti mismo. Cuando tienes una certeza sobre tu dirección y tu propósito, tanto más aparece a la vista.

Relájate completamente y después abre suavemente los ojos. Permanece relajado hasta completar el siguiente ejercicio. Planea lo que vas a hacer mañana y considera si esto es pasar el tiempo de la manera más valiosa. Haz los ajustes que puedas de acuerdo con tu autoestima y tu intuición.

Ves anotando en tu libreta tus fantasías y cualquier cosa que te proporcione placer o una subida de energía. ¿Alguno de tus planes prácticos te proporcionan la misma subida de energía y entusiasmo? Éstos son los aspectos a desarrollar.

Anota dos preguntas a las que le gustaría tener respuestas. Intenta llegar a un estado de relajación, tal vez con música, y escucha entonces a tu intuición. Las sugerencias pueden venir en este momento o más tarde. Cuando vuelvas a estar alerta, puedes valorar qué quieres hacer con esta información y dar los pasos adecuados.

Los pasos específicos son extremadamente útiles para establecer objetivos y debes anotarlos. Posiblemente lo haces así cuando vas al supermercado. ¡Hazlo también en tu vida! Desde una posición relajada, entrando en contacto con tu propia intuición, observa las metas que quieres para tu vida. Acláralas tan detalladamente como puedas.

Define y anota metas específicas en un calendario fijado por ti. ¿Dónde estarás tu y ese objetivo dentro de seis meses o de un año? Ahora míralo más de cerca. ¿Dónde te gustaría estar dentro de un mes o dos? Por más a largo plazo que puedan ser tus objetivos, también necesitas alcanzar regularmente etapas a corto plazo.

Dado tu objetivo (en el punto anterior), anota aquellos pensamientos de autoestima que te serán más útiles y después, en la siguiente línea, anota las personas que te apoyarán en el logro de esa meta. Debajo de esto, haz una lista de todos los pasos que necesitarás dar.

Tus pensamientos determinan tus sentimientos

Los destructores de la autoestima son herramientas que emplea tu crítico patológico para demoler tu valía personal. Son hábitos de pensamiento que se utilizan constantemente para interpretar la realidad, como las generalizaciones excesivas o las etiquetas generales. Por fortuna, los destructores de la autoestima no son más que una mala costumbre que, como tal, puede modificarse. Puedes aprender a luchar contra cada destructor de la autoestima y sentirte bien contigo mismo.

Al principio puede resultar complicado identificar un destructor, ya que forman parte de nuestra manera de percibir la realidad. A medida que vayas leyendo esta sección, es muy probable que descubras que te identificas más con unos destructores de la autoestima que con otros; los ejercicios que se centran en algunos destructores en concreto te ayudarán a acabar con ellos.

Una vez hayas identificado los destructores de tu autoestima y te hayas comprometido a superar esos pensamientos que parecen atacarte, podrás comenzar a construir refutaciones que resulten efectivas contra tus destructores. Tal vez te sea útil imaginar a alguien que les ponga voz a las refutaciones: alguien que salga en tu defensa frente a un destructor de la autoestima cuando estás deprimido. Esa persona se convertirá en el paladín de tu causa, tu consejero, tu maestro, tu entrenador. Imagina, por ejemplo, a un amigo que te acepta tal como eres, que está completamente de tu parte. Él, o ella, te recordarán tus facetas positivas cuando las olvides. O imagina a un profesor, alguien racional, severo pero amable, que te hará ver las oportunidades que surjan para crecer o aprender algo nuevo.

A medida que avances en el proceso de combatir los destructores de la autoestima, recuerda que son los pensamientos los que determinan los sentimientos. Esos destructores no son más que un mal hábito, un hábito de pensamiento y una forma de interpretar la realidad que te hace sentir mal contigo mismo. Una vez conozcas algunos de tus pensamientos demoledores, podrás empezar a luchar contra ellos.

Conócete a ti mismo

Intenta describir tus debilidades como si fueses el testigo pericial de un juicio y hubieses jurado decir la verdad, toda la verdad, y nada más que la verdad. Ve con cuidado, porque las palabras son muy mentirosas. Es fácil que se vuelvan contra ti y acabes describiendo tus defectos de forma que los guisantes parezcan ser del tamaño de un planeta y un pequeño error acabe convirtiéndose en una catástrofe.

Utilizar un lenguaje veraz para describir tus debilidades te ayudará a proteger tu autoestima. El lenguaje veraz es preciso en lugar de exagerado, y comprometerse con la precisión implica remplazar términos como «barrigón» por la medida exacta de la cintura. En lugar de catalogarte de «sexualmente pasivo», utiliza una descripción que se ajuste más a la realidad, como «precavido en cuanto a iniciar un contacto sin previas señales de interés».

En vez de describirte como una persona «ilógica», podrías afinar un poco y decir que eres «poco razonable cuando te enfadas». Más que «disperso», podrías ser alguien que «se distrae con facilidad por cualquier cosa interesante». Fíjate en que el lenguaje veraz suele ser menos violento y dañino. Se centra en los detalles específicos en lugar de generalizar.

Es muy poco frecuente escuchar una descripción que sea fiel a la realidad y en la que aparezcan palabras como «todo», «siempre», «nunca», «nadie», «todo el mundo», etcétera. El ser específico implica determinar en qué momentos y en qué situaciones en concreto aparece una debilidad; ese defecto se convierte así en algo limitado y particular. En lugar de «un desastre en las labores de casa», puedes ser una persona que «limpia una vez a la semana pero nunca recoge». Más que «completamente desmotivado», podrías expresar de forma más concreta que «escribiste dos relatos y el esbozo de una novela el año pasado, aunque no alcanzaste a escribir todo lo que te habías propuesto». En vez de «perderlo todo», a lo mejor «pierdes las llaves y algún cuaderno de vez en cuando».

Regresa a la lista de tus debilidades y vuelve a escribir cada entrada con palabras más concretas y fieles a la realidad. Si algún punto te resulta especialmente complicado, hazte las siguientes preguntas:

- ¿Cuándo y dónde hago eso?
- ¿Lo hago muy a menudo?
- ¿Bajo qué circunstancias lo hago?
- ¿Con quién lo hago?
- ¿Puedo servirme de un número o una unidad para describirlo?

No puedes controlarlo todo

Este destructor de la autoestima deriva de una falsa sensación de omnipotencia. Luchas por conseguir el control de todos los aspectos en cualquier situación en la que te encuentres. Si algo sale mal, estás totalmente convencido de que podrías haberlo evitado. Te consideras responsable de que tu hijo se haya peleado en el colegio, de la neumonía que padece tu madre, del resultado de un proyecto en el que han participado siete compañeros de trabajo y de que hacienda te haya hecho una inspección.

El resultado de todo esto es que tu autoestima sufre de una preocupación excesiva por las acciones de los demás. Deberías sospechar que tu crítico patológico utiliza esta falacia si piensas cosas como: «Tengo que conseguir que lo entiendan», o «Me aseguraré de que diga que sí».

Con la falacia del control tiendes a castigarte por cosas que no son responsabilidad tuya. Para luchar contra este destructor de la autoestima, debes deshacerte de los juicios críticos y remplazarlos por otros más equilibrados. Afirma los hechos de una determinada situación sin atacarte, utiliza afirmaciones más realistas, como: «Sólo soy una persona, no puedo controlarlo todo».

Imagina, por ejemplo, que vas a casa de tu madre y la encuentras en estado de pánico porque no ha acabado de hacer las maletas y el autobús del aeropuerto está a punto de pasar. Tu primer instinto es sentirte culpable y pensar: «¡Es culpa mía! Tendría que haber venido a ayudarla a hacer el equipaje ». Espera un momento, no es culpa tuya. Deja de tratarte tan mal. Puedes empezar a ayudarla ahora que estás en su casa, pero de nada sirve que te castigues por algo que no era responsabilidad tuya.

Sobrevivir al pasado

¿Los antiguos traumas del pasado te siguen poniendo la zancadilla en el presente? Si tu baja autoestima está íntimamente relacionada con algún recuerdo doloroso en concreto, seguro que «pasado» no significa «olvidado». La siguiente visualización escenifica tu huida del pasado y te recuerda que has conseguido sobrevivir y has llegado sano y salvo hasta el presente.

Túmbate y cierra los ojos. Permite que todos los músculos tensos se relajen mientras recorres tu cuerpo buscando las zonas en tensión. Haz que tu respiración se haga cada vez más lenta y profunda. Cuando estés relajado, imagina que avanzas con dificultad por las ardientes arenas de un desierto y arrastras un bloque de brasas que tienes encadenado al tobillo. El bloque y la cadena son fracasos, miedos y decepciones del pasado que aún llevas a cuestas.

Llegas a un oasis donde te encuentras con un amable anciano que tiene una sierra para metales. Esa persona, que te recuerda a tu profesor preferido del instituto, sierra la cadena de tu tobillo y te libera mientras tomas un largo trago de agua fresca. Al anochecer prosigues tu camino. Las sombras se reúnen tras de ti y te das cuenta de que una multitud fantasmal te va siguiendo. Son personas de tu pasado que ya murieron o que desaparecieron de tu vida, pero que aún te persiguen. Los llevas hasta una cueva muy profunda, te recuestas y finges quedarte dormido. Justo antes de que amanezca, dejas unas mantas arrugadas con la forma de silueta y sales a escondidas de la cueva. Haces rodar una gran piedra sobre la entrada de la cueva y se produce un corrimiento de tierras que aprisiona y entierra a los fantasmas para siempre.

Echas a andar hacia el sol naciente y llegas a un camino. En el horizonte alcanzas a ver tu meta: el paso fronterizo hacia el reino del presente. Si consigues llegar hasta allí, estarás a salvo y serás libre. Sin embargo, te das cuenta de que en el camino hay otros viajeros que te empujan y reducen tu ritmo de marcha al pasar. Son personas de tu pasado que aún están vivos y presentes en tu vida. Tienes que enfrentarte a ellos.

Caminas sin desfallecer, luchando por mantener el equilibrio entre todas esas personas. Por fin te acercas al paso fronterizo.

Hay guardias que controlan los documentos de todo el mundo y no dejan pasar a nadie. Sin embargo, tú conoces la contraseña: «Esto es el presente, aquello fue el pasado», y te permiten entrar. Pasas al otro lado, has conseguido llegar sano y salvo al reino del presente. Todas las personas que pertenecían a tu pasado te miran apenados desde el reino del pasado. Pero ahora ya ni siquiera puedes oír lo que dicen. Al hacer todas tus labores diarias, recuerda que ahora vives en el presente. Has escapado del pasado.

Envíale un mensaje a tu inconsciente

¿Nunca has soñado que intentabas con todas tus fuerzas leer algo o comprender una larga conversación? Parece que las palabras no tienen sentido. Eso sucede porque tu inconsciente no entiende muy bien las palabras, prefiere tratar con símbolos e imágenes. Esta visualización utiliza símbolos que le dicen a tu inconsciente que desenchufe los conceptos negativos de tu persona y enchufe una corriente de autoestima.

Túmbate y cierra los ojos. Recorre tu cuerpo en busca de tensiones y deja que todos los músculos se relajen. Respira cada vez más lenta y profundamente. Repite para ti: «A cada momento que pasa me siento más relajado».

Cuando te sientas tranquilo y en calma, imagina que tu cuerpo es como un gran edificio con muchas plantas y salas. En el sótano hay una gran sala de control desde la que se regula la electricidad, el agua, el gas, el aire acondicionado, las líneas telefónicas y todo lo demás. Localiza la sala de control de tu edificio y abre la puerta con una llave que llevas en el bolsillo.

Entra en la sala de control y dirígete hacia la izquierda. Allí encontrarás muchas tuberías antiguas y oxidadas que vienen del suelo y salen por el techo, están llenas de grifos y válvulas por todas partes. Son las tuberías que alimentan la imagen negativa que tienes de ti mismo, tus dudas y tu timidez. Acércate a las tuberías y cierra con fuerza todos los grifos y las válvulas, gira todas las manivelas y todas las ruedas en el sentido de las agujas del reloj para cortar el flujo de negatividad.

A continuación, cruza la sala hacia el lado derecho, donde te espera toda una serie de tuberías nuevas, limpias y ordenadas. Abre todos los grifos y todas las válvulas, haz que corra el flujo de tu imagen positiva, tu seguridad y tu confianza.

Regresa al lado izquierdo de la sala y abre la tapa de metal abollado del cuadro eléctrico. En su interior ves muchos interruptores de plástico y cromo, todos están encendidos. Los apagas uno a uno y así cortas la electricidad de tus circuitos de timidez, de tu falta de resolución, de tu perfeccionismo y demás. De la parte superior del cuadro eléctrico sale un cable muy grueso, el cable de alimentación central de la negatividad. Con un hacha contra incendios que encuentras en la pared, cortas el cable, que te riega con una gratificadora ducha de chispas. Ahora dirígete al lado derecho de la sala y abre tu nuevo cuadro eléctrico. Utiliza las dos manos para encender el enorme interruptor principal. Acciona cada uno de los interruptores individuales para poner en marcha el afecto, el amor por ti mismo, la tolerancia, el amor propio, etc.

De vuelta a la pared de la izquierda, ves una vieja centralita telefónica con muchas clavijas que conectan líneas en las que tienen lugar diversas conversaciones con tu crítico patológico. Tira de todos los cables y déjalos colgando en el aire.

Ve a la otra parte de esa habitación, enchufa un teléfono nuevo y moderno que te pone en contacto con la evaluación razonable de tu valía personal.

En el lado izquierdo hay un sistema de megafonía

desde el que te están insultando. Apágalo. A la derecha encuentras un buen equipo estéreo. Lo enciendes y se empieza a escuchar una música agradable; alguien te canta una canción de amor.

El ecualizador tiene muchas palancas, son los mandos que controlan tu visión del pasado, tu preocupación por el futuro, tu dependencia de las opiniones de los demás, etcétera. Pon todas esas palancas en posición central, en una posición equilibrada.

Una vez todos los interruptores, válvulas y controles de la sala estén dispuestos a tu gusto, cierra la puerta con llave y vete. Siempre podrás regresar más adelante si algo se desajusta.

Recuerda dónde te encuentras y abre los ojos. Felicítate por el mensaje que has enviado con tanto éxito a tu inconsciente.

El uno y el otro

Todos tenemos una serie de caracteres interiores que llamo subpersonalidades. A menudo los miembros de esa familia interior son unos extraños para nosotros, no los aceptamos ni los integramos en nuestra vida. Las subpersonalidades se forman o deforman en función de nuestras creencias y, si no las reconocemos, pueden hacernos actuar y sentir de modo perjudicial para nuestro bienestar.

Podemos integrar esas facetas nuestras que nos son extrañas volviéndonos conscientes de sus temores, sus deseos y sus necesidades. Cada una de nuestras subpersonalidades tiene, en el fondo, una cualidad. Si las aceptamos esa cualidad se manifestará en nuestras vidas.

Siéntate tranquilamente con los ojos cerrados e invita gentilmente a los miembros de tus papeles interiores a aparecer, como si estuvieran en un escenario. Pueden emerger como personas, símbolos, animales o, simplemente, como una sensación o un sentimiento. Obsérvalos con distancia, sin ánimo de juzgarlos. ¿Qué apariencia tienen? ¿Cómo se sienten? ¿Están a gusto o incómodos, alegres o tristes, tranquilos o enojados? Y, algo esencial, ¿cómo te sientes respecto a ellos?

Elige la subpersonalidad que te parezca más aceptable y empieza a conocerla. Durante unos momentos limítate a estar con ella, percibiendo lo que sentís cada uno respecto al otro. ¿Hay confianza y respeto, amor y aceptación? ¿Qué cualidad tiene ese miembro de la familia interior que quisieras expresar más en tu vida? Pregúntale lo que quiere y lo que necesita de ti. ¿Estás dispuesto a darlo?

Ahora haz el mismo ejercicio con la subpersonalidad que más te moleste. Recuerda que cada aspecto de nosotros, por muy vil que pueda parecer o actuar, tiene en el fondo una cualidad y puede convertirse en una fuerza espiritual creativa si se le libera amorosamente del oscuro sótano de nuestro subconsciente para dejarle salir a la luz e la aceptación. Acércate amistosamente y con cariño a todos los miembros del reparto para que dejen de ser tus tiranos interiores y se conviertan en amigos de confianza.

IV. COMBATIR EL ESTRÉS

Las causas del estrés

Aunque los síntomas del estrés están bien documentados, se suele tener una sola respuesta ante él. Por ejemplo, puedes sentirte físicamente mal o emocionalmente preocupado, sin poder relajarte y agotado. Tal vez te sientes incapaz de pensar con claridad y notas que tus energías están dispersas. Puedes llegar a disgustarte por pequeñas cosas y estar ansioso e irritable en tus relaciones con los demás. Es probable que tomes decisiones que no te favorezcan porque no haces una pausa para escucharte: esos presentimientos que te orientan sobre lo mejor que puedes hacer.

Cuando queremos ver qué causa el estrés, nos puede parecer que sufrimos si tenemos demasiado que hacer o intentamos hacer demasiadas cosas en poco tiempo. Tal vez sentimos que nos precipitamos a tomar decisiones antes de estar preparados para ello. Pero ¿eres consciente de que la mayor causa del estrés es una baja autoestima? Si te fijas en cómo piensas de ti mismo o de los demás cuando estás tenso, puedes comprender por qué es así, pues cuando las cosas son difíciles emergen los pensamientos que menos pueden ayudar. Por ejemplo, tan pronto como te dices a ti mismo «no valgo gran cosa», «nunca conseguiré hacer esto», tu nivel de estrés aumenta. En otras palabras, no son los hechos reales sino los pensamientos que tenemos hacia ellos los que nos causan un mayor estrés. Si, por ejemplo, nos decimos que lo estamos haciendo bien y que estamos logrando mucho teniendo en cuenta las circunstancias, en vez de concentrarnos en lo mal que lo hacemos y en lo lentamente que progresamos, reduciremos inmediatamente los niveles de estrés. Ahora que ya sabes cómo aumentar tu nivel de autoestima, puedes empezar a reducir el nivel de estrés en tu vida.

Reduce el estrés

Otra causa de estrés consiste en no haber identificado una meta para ti mismo. Esto ocurre cuando no sabes qué hacer con tu talento y tus habilidades, tanto en tu trabajo como en tus horas de ocio. Si no hay una dirección para tu energía puede resultar estresante para ti y para aquellos que te rodean, ya que tendrás tendencia a querer que los demás te hagan sentir realizado en lugar de hacerlo por ti mismo. También hay una tendencia a culpar a los demás en lugar de escucharse a sí mismo sobre aquello que es adecuado.

Tener que trabajar con una persona difícil resulta muy estresante. Nos puede dar la impresión de que no controlamos la situación y que somos incapaces de cambiar. Aunque una actitud inadecuada a veces se puede controlar en el trabajo, es muy frecuente que resulte más penoso el comportamiento habitual de alguien que no una mala conducta en un momento dado. Mientras puedas necesitas trabajar en base a que la otra persona puede no cambiar. Aquí las tácticas serán reducir su estrés y malestar y dejar de perder su energía en ellos.

Respétate a ti mismo, defiéndete, aparta tu energía emocional y concéntrate en ti mismo. Cuando sientas una falta de respeto y aprecio de, por ejemplo, tu jefe, recuerda tus pensamientos positivos. Por ejemplo:

«Estoy haciendo un buen trabajo», «me aprecio y me apruebo», «mi contribución es de gran valor». Si escoges estos pensamientos positivos, cuando te sientas presionado o no valorado disminuirá el nivel de estrés y aumentará el grado de autoestima.

Mucho de lo que llamamos estrés es miedo y preocupación; preocupación sobre el pasado o miedo ante el futuro. Puedes escoger pensar de manera diferente sobre el pasado y tus pensamientos positivos y acciones en el presente son la mejor garantía del éxito futuro. Una de las constantes en la vida es el cambio y esto conlleva incertidumbre. No convendría saber exactamente qué va a suceder. Estamos en un mundo de constantes posibilidades y oportunidades de cambio. A pesar de no tener la seguridad de conocer ciertas consecuencias, no es necesario sentir estrés, angustia o miedo. Ten la autoestima necesaria para ser consciente de que puedes depender de ti mismo y saber qué es lo mejor que puedes hacer en cualquier momento. Esto aumentará tanto tu seguridad interior que serás capaz de vencer y hacer lo mejor en cualquier situación.

Busca el equilibrio

Especialmente en épocas de estrés y cambios rápidos puede suceder que al menos una parcela de nuestras vidas, sea trabajo o una relación, cambie de la noche a la mañana y esto lo podamos superar si realmente tenemos nuestras vidas equilibradas.

A veces puedes necesitar gastar mucho tiempo y energía en el trabajo, mientras en otros momentos sientes la necesidad de volver a contactar con amigos o arreglar las cosas para pasar tiempo con tu familia. Cualquiera que sea el nivel compromiso, es importante poner algo de atención en las otras áreas y particularmente cuidar tu salud y apariencia. Lo más importante es encontrar tiempo y espacio para hacer lo que te resulte agradable, incluso si el tiempo que dedicas es relativamente corto. Esto es vital para tu autoestima y te dará más energía y entusiasmo para los aspectos de la vida que ahora tal vez parecen una obligación.

Una relajación regular te ayudará a sentirte más tranquilo. Es vital tener en todo momento algo de paz y tranquilidad donde puedas escuchar tu intuición y ver las cosas desde una perspectiva más equilibrada.

Un directivo que se sentía muy estresado en el trabajo, con un montón de obligaciones que atender y de decisiones que tomar, sintió que no disponía de tiempo para relajarse. Sin embargo, las cosas iban tan mal que como último recurso acabó intentando dedicar tiempo para relajarse. Se sorprendió de la diferencia que esto le supuso. No sólo pudo ver más claramente lo que tenía que hacer, sino que se presentaron por sí mismas más oportunidades y posibilidades. Decidió que relajarse y escucharse a sí mismo era la mejor ayuda en el empleo del tiempo que había encontrado.

Cuando te relajas más y desarrollas una vía de pensamiento que es útil, puedes mantenerte concentrado más fácilmente e identificar con mayor claridad los pasos que necesitas dar.

Hoy en día están cambiando muchas cosas, nada permanece igual. Puede parecer muy aterrador cuando lo que se da por supuesto empieza a volverse incierto: desaparecen repentinamente trabajos que creíamos que eran para toda la vida, se rompen relaciones que supusimos para siempre. Hemos dado tanta importancia a las estructuras externas que, cuando se desmoronan o cuando la gente no está a la altura de lo que esperábamos, nos sentimos perdidos.

Mientras sí podemos hacer nuestra parte, no podemos cambiar a los demás. Si nuestro bienestar y felicidad depende de todo lo que queremos que suceda y de cuándo queremos que suceda, y toda la gente también piensa así, continuamente nos sentiremos frustrados. Esto sucede cuando las personas involucradas forman parte tanto de una gran organización con sus propias prioridades como de una gran familia. Esto no debería impedirte ser sincero con lo que quieres.

Si estás en proceso de cambio, usa tu intuición para aclarar y definir exactamente lo que quieres. Anota tus metas para asegurar que tus pensamientos son provechosos, y estás preparado para tomar más adelante la acción adecuada, que podría ser perseverar hasta lograr los cambios que deseas. Puedes dar los pasos que correspondan para mantener bajos tus niveles de estrés y comprobar que tu vida permanece en equilibrio. Esto te resultará estimulante y te ayudará a hacer los cambios que quieres.

Si tus cambios afectan a otras personas, recuerda que puedes sentirte mejor si ellos están involucrados en ese proceso. Si los cambios no son los deseados, por ejemplo en el trabajo, puedes ayudar a los demás manteniéndote tranquilo y calmándoles. Céntrate en las oportunidades que el cambio ofrece a las personas.

Un cambio inesperado en tu vida

Lo más probable es que te sientas fuera de control y temeroso cuando los cambios se llevan a cabo y te afecten; cuando son inesperados e indeseados, entras en una situación de crisis. Tal vez tu trabajo o una relación importante que creías seguros han dejado de serlo. Pero piensa que no estás solo haciendo frente a una situación que no es de tu elección y que no deseas, sino que tienes que dejar algo que querías, que amabas. Todo esto te parecerá chocante y te afectará de diversas maneras. Sentir que pasas por una crisis no es en absoluto inusual hoy en día. Es una experiencia por la que muchos pueden pasar o ya han pasado. El énfasis está en el pasar por ella. No debes sentir que la provocarás, sino que en todo caso te llegará.

Por lo tanto es importante saber que tienes estos sentimientos. Resérvate un rato propio para dejar sentir tu enfado y tu tristeza. También puedes hacer algo físico, como caminar vigorosamente, nadar o jugar al tenis. Esto te ayudará a calmar tus emociones liberando la tensión física contenida. Además necesitarás pasar por aquello que te está causando dolor, lo que significa dejar de culparse. Tratar las emociones diariamente puede ayudarte a integrarlas.

Cuando pasas por una época de trastorno emocional, es importante que notes que puedes distraerte a medida que tu mente vuelve constantemente al problema. Por eso procura evitar cualquier mínimo contratiempo cuando esté hirviendo la tetera o cruzando la calle. Ten cuidado de no perder billetes o documentos cuando estés ordenando cosas. Una pequeña atención extra es necesaria en todo momento. Ten un especial cuidado de ti mismo durante un rato.

Cuida de ti mismo y acepta ayuda durante una crisis. Físicamente debes sentirte mal: insomne, enfermo, incapaz de relajarte. Al estar sufriendo un choque emocional, tu mente puede sumirse en un caos total, intentando descubrir qué va bien y qué va mal. Puedes sentir dolor emocional sin una aparentemente resolución o aceptar la situación. Reconoce que ahora necesitas consuelo y deja que amigos y familiares te apoyen. Pide apoyo, encuentra un camino hacia delante. Dentro de ti hay coraje. Permite que surja para ayudarle.

Los límites del conocimiento

A veces, cuando cometes un error puedes llegar a sentirte estúpido, sobre todo si se trata de un error que ya habías cometido en otra ocasión. Tal vez te preguntes por qué parece que no aprendes nunca. ¿Por qué necesitas repetir siempre la misma equivocación?

Existen muchas razones por las que cometemos errores y los repetimos, pero lo cierto es que ser «estúpido» no es una de ellas. A menudo la gente vuelve a cometer las mismas equivocaciones por falta de conocimiento. Por varios motivos, no son conscientes de las consecuencias que se desencadenaron la última vez que cometieron un error en concreto. Sin poder beneficiarse de la sabiduría que aporta la experiencia pasada, no se dan cuenta de que la decisión que están a punto de tomar es una equivocación. Debido a esa falta de conocimiento, siguen adelante y cometen el mismo error una y otra vez.

El conocimiento de las posibles consecuencias de tus acciones se ve limitado por cinco factores muy importantes:

1. La ignorancia. A menudo carecemos de un método real para predecir las consecuencias porque nunca nos habíamos enfrentado a circunstancias de ese mismo tipo. Damos palos de ciego. Si nunca has utilizado pin-

tura en spray, no tienes forma de saber que si acercas demasiado la boquilla a la superficie que estás pintando, la pintura se correrá. Si no sabes cómo preparar las claras de huevo en tu primer soufflé, es probable que no suba como debería.

2. El olvido. Es imposible recordar absolutamente todas las consecuencias de cada una de las acciones que has acometido en la vida. Muchos episodios no han pasado a la memoria porque no fueron lo bastante dolorosos o lo bastante importantes. Como consecuencia, con frecuencia se repiten errores tan sólo porque no recuerdas qué sucedió la última vez que lo intentaste. Si no te acuerdas de cómo te acribillaron los mosquitos la última vez que te fuiste de acampada, es muy probable que este año vuelvas a olvidarte de llevar el repelente de insectos.

3. La negación. Todos solemos negar o desoír las consecuencias de errores anteriores por dos motivos: el deseo y el miedo. A veces queremos beber y conducir, o tomarnos un tercer postre. En otras ocasiones nos da tanto miedo el cambio, hacer las cosas de forma diferente, que negamos o minimizamos las consecuencias negativas de nuestros errores. Cuando nos enfrentamos de nuevo a la misma decisión, cometemos el mismo error porque las otras alternativas nos parecen amenazadoras.

4. La falta de alternativas. Muchos errores se repiten simplemente porque no se conoce una forma mejor de actuar. Carecemos de la habilidad, la capacidad o la experiencia necesarias para desarrollar nuevas estrategias y soluciones.

5. La costumbre. Algunas costumbres que tenemos muy arraigadas nos impiden evaluar las diferentes opciones, a veces incluso nos impiden ver que hay diferentes opciones. No piensas en las consecuencias porque ni siquiera sabes que estás tomando una decisión. Un clá-

sico ejemplo es escoger un beneficio inmediato porque se desconoce el desastre que genera a largo plazo, como aquel estudiante de derecho que solía escoger el placer inmediato de salir con los amigos en lugar de estudiar para los exámenes. El conocimiento se ve afectado por todos estos factores. En muchas de las decisiones que tomamos, el olvido, la negación, la costumbre, etcétera, nos impiden hacer uso de experiencias anteriores. Es algo que le sucede a todo el mundo en algún momento u otro.

Las crisis son generadoras de nuevas oportunidades

La palabra clave para una época de crisis es *concentración*. Concentración y reconcentración en aquello que es importante para ti. Mira cada día qué puedes hacer que te aporte alegría. Puede ser algo sencillo como dar un paseo, hablar por teléfono con un amigo que te apoye, tomar un baño relajante. ¡Hazlo! También de un modo determinante y valeroso concéntrate en aquello que es realmente importante y que sea acorde con tus propósitos. Presta atención a tu intuición y déjate llevar por ella.

A medida que recuperes tu autoestima, vuelve a sentir tu propia valía y disminuye tu miedo, empieza a darte cuenta de las oportunidades que subyacen incluso en tu situación actual. Cuando sentimos los cambios que se nos imponen, podemos ser muy resistentes. Ciertamente necesitamos tomar medidas para asegurarnos de que no estamos siendo forzados a hacer algo que va en contra de nuestro interés, pero siempre es útil buscar cualquier oportunidad que este cambio pueda aportar.

Aunque al principio pueda parecerte improbable, el hecho de estar abierto a la posibilidad de que el cambio sea capaz de mejorar las cosas en vez de empeorarlas puede llevarte a acabar con más de lo que habías previsto antes. Por ejemplo, si te han despedido por reducción de plantilla tal vez ya no tendrás que hacer un trabajo que detestas. Puedes tener dificultades en este momento con tus derechos como individuo, consumidor, inquilino o empleado. Sin embargo puedes acabar con más derechos de los que tenías previamente. A partir del reconocimiento de tu potencial, puedes empezar a valorar cómo quieres que funcionen las cosas. ¿Qué quieres hacer realmente por ti mismo con respecto, por ejemplo, al trabajo que te gustaría hacer, a cómo deseas ser tratado? Empieza a imaginarlo mentalmente. ¿Cómo puedes propiciar oportunidades? Introduce pensamientos positivos y empieza a relajarte prestando atención a tu intuición.

Los cambios pueden ser para mejor, pueden abrirse toda clase de nuevas y excitantes posibilidades: gente nueva, nuevos y mejores modos de hacer cosas, con mayor felicidad y mayor sentimiento de realización. Podrás recordar cambios que te viste forzado a hacer y luego darte cuenta de que fueron para mejor. Por ejemplo, una mujer fue obligada por su socio a dejar su trabajo en la empresa. Aunque al principio fue muy desagradable y sintió que no había nada que pudiera hacer, esto se convirtió en un estímulo y pudo instalar su propio negocio con gran éxito.

Desde el punto de vista de una alta autoestima, concéntrate en el mejor resultado posible, aquel que te brindará alegría y es acorde con tus propósitos; busca ventajas a corto y largo plazo. Relájate y toma nota de los pasos que puedes poner en práctica de inmediato.

¿Tienes todo el tiempo del mundo o sientes que no dispones del suficiente tiempo para vivirla? Te quejas de que no tiene tiempo suficiente. En gran parte esta parece ser nuestra manera de vivir hoy en día y casi todo el mundo se siente estresado y bajo presión. ¿Cuántas veces has oído decir, o te has dicho a ti mismo: «No tengo bastante tiempo»? Cuanto más te concentres en ello y más lo repitas, más real se volverá. A menudo nos ponemos tensos, nos coge pánico y logramos menos resultados que si fuéramos hacia las cosas con calma y de manera relajada. ¡Por ello piensa que realmente tienes suficiente tiempo!

Incluso en un trabajo muy agitado no nos preguntamos qué queremos lograr. Muchos sistemas de organización del tiempo no funcionan simplemente porque la gente está desconectada de su intuición sobre aquello que puede ser mejor para ellos en cualquier momento. Siente que dispones de poco tiempo para que esto te ayude a establecer prioridades. Mira a ver cómo puedes reorganizar tu tiempo y completar así tus prioridades y reconocer las que podrías cambiar. A medida que escuches a tu intuición, surgirán a menudo pequeños incisos sobre los mejores modos de lograr las cosas. Incluso un corto espacio de tiempo empleado para ti mismo, sea en tu lugar de trabajo o en tu casa, puede ahorrarte mucho esfuerzo, frustración, tiempo y dinero. Puedes usar tu intuición para tener una visión global de la situación o de la tarea y decidir los pasos a dar.

Quizás te digas: «¿Cómo puedo estar tranquilo y relajado cuando hay tanto que hacer?» Si te detienes un momento, te darás cuenta de que tus logros serán inferiores si estás en tensión y eres presa del pánico. A veces tomarse un respiro es justamente necesario y deseable. También sabrás que cuando te encuentras absorto en algo que te gusta y que captura su imaginación, deja de pensar en el tiempo; a veces se te pasan las horas sin darte cuenta o te parece que has conseguido grandes logros en un tiempo sorprendentemente breve. Si caes presa del pánico cuando te encuentras con gente en el trabajo en tu casa, todo el mundo se pone tenso y nervioso. Se logran menos resultados, se cometen más errores y se genera una gran hostilidad. Si te encuentras en esta situación, trata de calmarte y de centrarte; no sólo conseguirás más resultados sino que la atmósfera general mejorará.

Piensa en las veces en las que has tenido que ocuparte de cosas que parecían urgentes para otras personas, o en las que has tenido que charlar con amigos o colegas en momentos en los que tenías realmente otra cosa que hacer, bien en tu casa o en el trabajo. Compara esto con las veces en que has sabido qué era lo más importante que querías hacer o terminar, te has concentrado en ello y lo has acabado, sin permitirte la menor distracción. Te darás cuenta de lo satisfactorio que esto puede ser.

Tú eres un ser especial, un ser único con sus propias necesidades y deseos, el buen empleo de tu tiempo dependerá del uso que hagas de tu intuición para identificar aquello que es importante llevar a cabo. Pienso sólo esto: si empleas tu tiempo en lo que es mejor para ti, todo cambiará rápidamente para mejor. Puedes hacer esto por ti mismo prestando atención a tu intuición antes de fijar objetivos y actuar.

Relájate

Empieza algunos minutos, día sí día no, en relajarte conscientemente. Lo indicado es hacerlo en un momento tranquilo de la jornada, incluso durante unos pocos minutos. Toma nota del día y la hora de tus relajaciones y de tus ratos de tranquilidad de manera que puedas controlar cualquier reducción de tu nivel de estrés.

¡Aparta las emociones! Anota tus sentimientos y luego despréndete de culpas, propias y ajenas, de manera que puedas usar toda la energía disponible para avanzar en tu autoestima. El ejercicio físico puede ayudarte a integrar sentimientos incómodos.

Aunque hayas hablado con otras personas sobre tu situación, trata de anotarlo sin dejarte dominar por la emoción, observándolo objetivamente, más como una mera situación que como una crisis perturbadora.

Relájate y estate atento a tu intuición. Sé consciente de tus corazonadas acerca de los pasos que debes dar para mejorar esa situación que te resulta particularmente estresante. Si has estado distraído, pon ahora toda tu atención en lo que es importante para ti. Esto empezará a animarte, aumentado tu autoestima y tu nivel de energía.

Visualiza tu valía personal

Tanto tu cuerpo como tu mente reaccionan de igual forma ante situaciones imaginarias y ante situaciones reales. Por ejemplo, si consigues visualizarte en una fiesta en la que te sientes a gusto y te comportas con toda naturalidad, sentirás casi el mismo tipo de seguridad que si de verdad hubieses estado en la fiesta y te hubieses relacionado de forma satisfactoria con otras personas.

La visualización es un método muy poderoso de reprogramar la forma en que pensamos y reaccionamos. Las visualizaciones pueden utilizarse para crear mentalmente escenas en las que tu manera de comportarte demuestra que eres valioso en lugar de insignificante, seguro en lugar de indeciso, atractivo en lugar de feo.

Comienza por retirarte a algún lugar tranquilo en el que te puedas relajar. Con los ojos cerrados y respirando lenta y profundamente, imagina la siguiente escena:

Estás tomando un baño, suena una música tranquila y tú estás relajado y sonriente. El agua tibia se desliza por tus extremidades y hueles a jabón de esencia de lavanda. Te sientes reconfortado y en calma. Ahora ya has salido de la bañera y te has secado. Te deslizas dentro de una ropa cómoda y suelta y te miras en el espejo.

En lugar de castigarte y fijarte en las zonas de tu cuerpo que no te agradan, admiras la forma de tus ojos o la suavidad de tu piel. Puedes ver cómo se te han pegado al cuello algunos mechones de pelo mojado, la mirada sensual que despiden tus ojos después de haberte dado un baño relajante, o la fuerza y la forma de tus músculos. Di para tus adentros: «Me siento bien, y sé que mi aspecto refleja la forma en que me siento: seguro y bello».

Si empiezas a criticar de forma automática algún aspecto de tu físico, detente y concéntrate de nuevo. Recuerda algún cumplido que alguien te dedicó en el pasado; concéntrate en las características que son únicas en ti, que te hacen ser quien eres.

Ahora imagina que entras en la cocina y te preparas una comida sana y deliciosa que te dará mucha energía. Tómate tu tiempo para disfrutar de los colores y disponer los alimentos en el plato de forma apetecible. Piensa: «Me merezco comer y sentirme bien».

Ahora imagina que caminas a lo largo de una calle. Te cruzas con un desconocido. Repite: «Deseo arriesgarme». Imagina que le sonríes, te embargan las mismas sensaciones que sentiste en ese baño cálido y reconfortante. El desconocido te mira a los ojos y te devuelve la sonrisa. De repente, te invaden sentimientos de seguridad y placer.

Prepárate para poner fin a esta sesión. Cuando estés dispuesto a emprender de nuevo la rutina diaria, recuerda la visualización y repite las afirmaciones que has utilizado: «Me siento bien, y sé que mi aspecto refleja la forma en que me siento: seguro y bello». «Deseo arriesgarme.» No dejes de hacer este ejercicio, imagina diferentes escenas y date cuenta de cómo van cambiando gradualmente tus sentimientos de seguridad y valía personal.

Deja atrás tus miedos laborales

Ahora que cada vez más personas se arriesgan a lanzarse a las procelosas aguas del mundo de los emprendedores, nos enfrentamos a una nueva clase de miedo. ¿Nos irá bien o fracasaremos? ¿Podremos nadar con los tiburones sin convertirnos en uno de ellos? ¿Tenemos lo necesario para sacar provecho de nuestro conocimiento, almacenar nuestras mercancías y permanecer a flote en un mar de tinta que no sea roja, sino negra?

Muchas personas tenemos miedo de correr los riesgos necesarios para realizar nuestros sueños. Una de las mejores maneras de transformar los miedos es considerar hasta qué punto son realistas. Si bien hay miedos basados en experiencias personales, muchos son vestigios de viejas creencias y equívocos del pasado.

¿Tienes algún sueño en la vida? ¿Hay algún proyecto por el que suspiras secretamente? ¿Estás evitando algún riesgo profesional por miedo? Si tu respuesta a alguna de estas preguntas es afirmativa, te haría mucho bien relajarte un poco y hacer el siguiente ejercicio.

Divide un hoja de papel en tres columnas y pon los siguientes títulos a cada una de ellas: «Mi sueño o Lo que me gustaría hacer», «Los miedos que me inhiben» y «Cómo transformar esos miedos». Apunta enseguida las respuestas que se te ocurran en cada columna.

Hazte un regalo: encara tus miedos, aprovéchalos para conocerte más y anímate a arriesgarte a pesar de ellos. No te olvides de buscar apoyo y aliento entre tus amistades. Con la respuesta que te den y con tus propios éxitos te será más fácil confiar en tus capacidades y tener el valor de seguir arriesgándote.

Recuerda siempre los buenos momentos

Es maravilloso que no sigamos negando la disfunción de nuestras familias de origen, o incluso de las familias que creamos; pero corremos el peligro de fijarnos tanto en la disfunción que rechacemos toda la educación que recibimos. Raras son las personas que no han vivido momentos en los que se han sentido queridas y respaldadas. El recordar esos buenos tiempos nos permite creer de verdad en nuestro encanto personal.

Nadie ha tenido un progenitor perfecto, pero es improbable que no tengamos, como mínimo, cachitos de saludables recuerdos por los que estar agradecidos.

Si sentimos punzadas o culpabilidad por la forma en que hemos educado a nuestros hijos, es esencial que acentuemos nuestra conducta funcional, para basarnos en ella. Si seguimos resaltando nuestros actos disfuncionales, lo único que conseguiremos será desanimarnos y dificultar los cambios propicios.

Cuando estés tranquilamente a solas, o con alguna amistad de confianza, haz una lista de las veces que recuerdas haber sido feliz en la infancia. Revive esos minutos o esas horas. Saboréalos. Recrea esos sentimientos y da las gracias por las experiencias. Luego haz una lista de las veces en que te has sentido orgulloso como padre.

Comparte esas memorias con tu compañero o compañera, tus hijos o con un amigo o amiga. Reconoce el mérito del trabajo que has hecho bien.

Si resaltamos lo funcional nos animaremos a confiar en nosotras. Nos sentiremos más fuertes para sostenernos cuando tengamos que considerar la disfunción de nuestra vida, para cicatrizarla y proseguir.

Revisa tu álbum familiar

Al aprender a atribuirnos de nuevo unos padres, es una buena idea mirar el álbum familiar que llevamos dentro. Algunas de las instantáneas evocan alegres recuerdos y cálidos sentimientos borrosos, mientras otras parecen dardos que nos lanzaron ex profeso.

Muchas fotos interiores se revelaron cuando éramos jóvenes y tenían una débil perspectiva infantil. Ahora, como adultos, tenemos la autoridad de volver a enmarcar los recuerdos dolorosos, como si cambiásemos los marcos de las fotos colocadas sobre el piano.

Date tiempo para vagar mentalmente por las fotos que has acumulado del pasado. Elige una que llame la atención. Con extrema delicadeza pregúntale a esa persona que ves qué quiere y qué necesita de ti. Si te inspira cariño y ganas de protegerla, permite a tu «yo» adulto que la alivie en lo que pida. Si no te sientes bien respecto a ella, lleva ante tu vista mental a un protector que sienta cariño por ella. Con la ayuda de tu yo adulto o de la persona que llamas para que te ayude, vuelve a reproducir la instantánea desagradable convirtiéndola en una imagen en la que ese niño está seguro y contento. Vive sus sensaciones cuando experimenta la vida desde ese punto de vista. Absorbe y reivindica esos sentimientos como tuyos, por derecho propio.

Ahora pon tu nueva imagen en un marco bonito y valioso y colócalo en un sitio destacado. Si te encuentras volviendo a los sentimientos angustiosos de la imagen original, traslada tus pensamientos a la nueva y recuerda que, como adulto capaz, puedes reenmarcar la dolorosa perspectiva de tu infancia.

Recupera tus sueños de infancia

¿Te dijeron alguna vez que dejases de hacer la tontería de fantasear e imaginar como una criatura? Las personas a las que apreciabas, ¿te animaban a soñar o se burlaban de tus sueños? Y las personas que hay ahora en tu vida, incluyéndote a ti, ¿animan tus aspiraciones?

Muchas de las esperanzas, los deseos y los sueños que teníamos de niños eran indicativos de los particulares dones que traíamos a la vida. Si hemos perdido la pista de nuestros sueños, podemos reconectar con ellos si estamos dispuestas a retroceder y analizarlos.

Si queremos reconectar con nuestros sueños, tratemos de realizarlos, con cariño y ánimo, hagámonos preguntas como éstas: ¿A qué jugaba cuando era pequeño?, ¿a dónde iba en mi mundo de fantasías?, ¿qué quería ser de mayor?, ¿cuál era mi escondite, dónde me sentía seguro?, ¿cómo puedo traducir mis sueños infantiles a realidades de adulto?

Nuestros sueños y fantasías infantiles son minas de oro que encierran posibilidades que no podemos negar, pues ello apagaría nuestra personalidad. Debemos aceptarlas para tener más energía y alcanzar así áreas por las que nuestro corazón ha estado suspirando toda la vida. Tómate el tiempo necesario para reconectar con tus

No te olvides de respirar

Una de las mejores maneras de liberar nuestros sentimientos es insuflarles aire. Es esencial respirar profundamente. Desde el punto de vista físico, limpia el cuerpo del aire que se ha quedado sin oxígeno dador de vida y lo sustituye por aire fresco y rejuvenecedor. Estudios recientes demuestran que cuando las personas mayores respiran profundamente aunque sólo sea unos minutos al día, su memoria mejora drásticamente.

Psicológicamente, la respiración lenta, liberadora y profunda nos permite llegar debajo de los sentimientos superficiales para percibir las emociones enraizadas, causales, que pueden insuflar malestar en nuestra vida.

Espiritualmente, la respiración profunda nos conecta con el flujo del Universo y nos ancla firmemente en nuestro centro, transmitiéndonos una sensación de calma.

Sin embargo, a veces nos olvidamos literalmente de respirar, sobre todo cuando estamos tensos o pasamos una crisis. Y tratamos de superarlo al mismo tiempo que nos privamos del vital oxígeno. Es realmente difícil.

Hazte un favor para mejorar tu vida: acuérdate de respirar profundamente. Escribe una notita que diga: «¡Respira!», donde la veas varias veces al día, especialmente cuando tengas que estar despierto y en mejor forma.

Ponte en una postura cómoda y, ahora mismo, durante unos minutos, respira profundamente. Aspira por la nariz y espira por la boca. Imagínate que el cuerpo recibe hambriento esas sustanciales respiraciones y libera agradecido el aire viciado. Agradece a tu respiración su inagotable servicio. Lo bueno de acordarse de respirar profundamente es que podemos hacerlo en cualquier lugar y en cualquier situación.

Y está garantizado que mejora las cosas.

V. FOMENTA TUS RELACIONES PERSONALES

Vive tus relaciones con amor y alegría

Mucho antes de coger este libro ya sabías que sentirte feliz o preocupado por tus relaciones con los demás afecta a tu autoestima, tal vez más que otra cosa. Cuando todo va bien en tus relaciones –personales, sociales y laborales- tiendes a sentirte a gusto y tu autoestima aumenta. Sin embargo, cuando tienes problemas o desafíos en uno o más de estos ámbitos, puedes sentirte desgraciado y tu autoestima será baja. Prácticamente cada aspecto de tu vida te obliga a contar con otras personas, así que cada día se establece una conexión con tu autoestima. En resumen, nuestras relaciones –particularmente aquellas que nos son más cercanas– son un medio tanto para la mayor alegría como para el mayor dolor. Es natural tener relaciones estrechas e íntimas con los demás. Siempre nos sentimos mejor cuando las tenemos, ¡y la vida no es mucho más divertida cuando no!

Así que tanto si estás casado, separado, divorciado, soltero, eres una persona con niños pequeños o hijos crecidos, o una persona joven que empieza en la vida, el uso de la autoestima es esencial para desarrollar relaciones de amor y alegría.

Toda tu vida implica relaciones, primero contigo mismo y después con otras personas como miembros de tu familia, padres, tu pareja, hijos, con tus amigos, colegas, clientes, vecinos, gente que frecuenta las tiendas del barrio, aquellos que encuentra en actividades sociales o deportivas. Tienes muchas cosas especiales que ofrecer en tus relaciones con las otras personas. Sin embargo es importante tener ante todo una buena relación contigo mismo, manteniendo alta tu autoestima y confiando en tu intuición. Entonces podrás saber qué es lo apropiado para ti. Es importante saber qué es correcto para ti en cualquier momento y qué es lo que mejor se le ajusta.

Vuelve a creer en ti mismo

¿Estás afrontando una relación en proceso de cambio? Muchas relaciones están cambiando en estos momentos: matrimonios y amistades estrechas que la gente creía duraderos fracasan o se transforman. Parece que hay más gente que abandona algunas relaciones, incluido el matrimonio, a veces para meterse de lleno en otra y a veces para estar solo. Puedes sentirte deprimido y desalentado como consecuencia de una ruptura matrimonial o por dificultades en una relación. Si estás en esa situación, has de saber que si bien ahora parece terrible, después te sentirás mejor. Hay un montón de cosas que puedes hacer para ayudarte.

Puedes notar que te adentra en una crisis, sintiéndote o insensible a la preocupación o muy enfadado. Éste es el estado para afrontar las cosas, para sentirte tan relajado como puedas estarlo cada día. Vuelve a creer en ti mismo. Recuerda que las cosas están yendo a mejor, a pesar de que ahora parece terrible. Te fortaleces a medida que pasan los días. Este es el momento de los amigos que te apoyan y de hacer algún ejercicio de autoestima contigo mismo o con un amigo. Necesitad algo y alguien que precisamente no aumenten tu preocupación. No necesitas que la gente esté siempre de acuerdo contigo sobre, por ejemplo, lo terrible que es una situación o una persona.

La idea de culpar a los demás es tentadora. Sin embargo, con esto no logra nada y te causa tanto malestar como dolor. Apartarse de las miserias de la culpa es un proceso que puedes iniciar y acelerar. Porque así encontrarás que el proceso de abandonar la culpa es una de las cosas más importantes y provechosas que una persona puede aprender.

Lo primero que debes hacer es afrontar la verdad: que te siente herido en su relación con esa persona. Después, y lo mejor es hacerlo por ti mismo, anota todas las cosas que sientas que esa persona ha hecho y dicho que le han herido. Expúlsalas. Di cómo te has sentido o te sientes por lo que pasó, si estás enfadado, triste o asustado. Continúa respirando de una manera relajada.

Ahora necesitas apelar a tu valor para poder ayudarte. La pregunta es: «¿Deseas dejar de culpar a la otra persona? ¿Para así poder dejar su resentimiento hacia ella?» El hecho de culpar es lo que te mantiene atado y vinculado a esa persona; si quieres serenidad, no la lograrás hasta que ceses de culpar. Lo que necesitas es al menos la buena voluntad para dejar de culpar. Piensa que ahora está preparado para ello, abandona tu resentimiento y recupera así tu energía y atención para centrarte más plenamente en tu vida y en ti mismo. ¡Mientras insistas en la venganza, nunca habrá paz en tu mente! Debes proponer toda una declaración de intenciones: «Ahora me libero de culpar a esta persona, ahora estoy en paz respecto a mi relación con...».

Necesitarás hacer diariamente esta última parte del proceso durante varios días, dejando pasar las ofensas de los demás tal y como vengan a tu mente, sintiéndote cada día más ligero y feliz a medida que lo vayas haciendo. Contacta regularmente con esa persona, el proceso funcionará y necesitas hacerlo para liberarte.

Si estás en una relación continuada, podrías tratar de

comunicar tus sentimientos y necesidades, deseos y expectativas. Lo harás de una manera más clara y efectiva si primero empiezas a dejar de tomarte tan a pecho las ofensas. Sé amable contigo mismo, haz cosas con las que disfrutar. En lo posible, sé también amable con la otra persona involucrada. Dejar de culpar te ayudará a liberar su energía, emociones y atención. Trabaja la autoestima y pon tu atención en lo que es importante para ti.

Toma la iniciativa

Cuando te separas de una persona, se necesita algún tiempo para la total recuperación. Mientras tanto y aun reconociendo siempre tus sentimientos, permite, lo mejor que puedas, que te consuelen, después concéntrate en ti mismo y en lo que es importante para ti, lo que quieres conseguir. Pon atención en los aspectos que puedas haber desatendido –amigos, familia, el cuidado de tu cuerpo– y cambia su entorno. Escápate, si no es posible con unas vacaciones completas, al menos durante un fin de semana o un día.

Es mejor que mantenerse separado y evitar el contacto mientras te sientas vulnerable porque puedes no obtener las respuestas y el consuelo que quieres. Necesitas estar preparado para un «sí» o un «no» de esta persona. Si esto no es posible, porque no puedes arreglarlo con respecto a los hijos, intenta entonces reducir al mínimo el contacto.

Cuando estés pasando una época emocionalmente difícil, el apoyo de los amigos es primordial. Tenlos cerca de ti para las cuestiones prácticas, por ejemplo ayudarte en una mudanza, o que te hagan las cosas más fáciles. Lo que no quiere decir que no pases también por momentos dolorosos, porque sucederá. Esto es más beneficioso que notar a largo plazo los efectos de intentar mantener reprimidos los sentimientos o suprimirlos del todo.

Cuando te separas de alguien con quien ha estado viviendo, que ha sido una parte de tu vida cotidiana durante algún tiempo, por más dura que haya sido la ruptura, seguro que sientes un vacío. No puedes planear lo que sucederá o incluso lo que quieres que suceda. Es un proceso de adaptación en el que tus pensamientos y sentimientos confundidos se estabilizan. Por lo tanto concéntrate en ti mismo y en tu trabajo, cuídate, siéntate reconfortado. No niegues el dolor emocional, aunque no lo hagas continuamente. Sobre todo encuentra un hueco para un momento diario de tranquilidad. Escucha a tu propia intuición para que ésta te oriente y te apoye. Recuerda preguntar y estar abierto a esa ayuda y así vendrá. Limítate a escuchar. Anótalo y actúa en consecuencia.

Cuando te sientas deprimido o tengas remordimientos y te acuerdes cosas que querías hacer juntos, por ejemplo viajes, vacaciones, trabajo, o del hermoso lugar que debes dejar porque ya no es tu casa, ten valor. Escucha a su intuición sobre lo que es mejor ahora para ti. No te engañes sobre los ocasionales buenos momentos y trates de maquillar la rutina diaria de una relación que no funciona. Ahora puedes empezar a liberarte.

Las pantallas mentales

Todos seleccionamos, alteramos y distorsionamos lo que vemos. Filtramos y modificamos la realidad como si nuestros ojos y oídos fuesen una cámara de televisión y viésemos la realidad por una pantalla situada en el interior de nuestra mente. A veces la cámara hace primeros planos de ciertos detalles, como cuando de repente ves el ceño fruncido de tu jefe mientras le echa un vistazo a tu informe. Tu cámara puede enfocar desde más lejos o desde más cerca según la opinión de tu crítico interior respecto a tus habilidades. O a lo mejor tu cámara pone una cinta antigua y percibes la realidad a través de antiguas experiencias sin darte cuenta siquiera.

Este ejercicio te ayudará a tomar conciencia de cómo filtras la realidad a través de una pantalla de televisión mental:

1. Recuerda un momento reciente en que tu relación con alguna persona resultara dolorosa por algún motivo. Escribe lo que ambos dijisteis e hicisteis.

2. Escribe lo que presupones que la otra persona veía y oía en su pantalla mental. ¿Qué es lo que podría haber estado proyectando que le llevó a decir aquellas palabras o a hacer lo que hizo?

3. Vuelve a imaginar la escena y busca datos que hayas pasado por alto. Busca acciones o palabras que

puedan darle una nueva perspectiva a la situación. En concreto, busca detalles que desdeñaste o no creíste la primera vez.

4. Redacta una explicación alternativa a lo que esa persona pueda haber visto u oído en su pantalla.

Las relaciones de pareja

Actualmente mucha gente se siente sola. A veces nos sentimos aislados, tristes, desconectados, haya o no personas en nuestras vidas. Cuando sientes que no hay gente o una persona con la que poder ser abierto y honesto, te encuentras aislado, incluso aunque haya varias personas a tu alrededor. A veces hacemos todo tipo de cosas para evitar tener que admitir: «Sí, me siento solo». En cambio, a menudo dormimos durante horas, salimos por cosas que realmente no nos interesa, miramos la televisión noche tras noche, gastamos el tiempo con personas no porque nos guste estar con ellas, sino porque odiamos estar solos. Tener gente alrededor y estar con gente no siempre le hace sentirse a uno menos solo. Muy a menudo te sientes peor si has estado utilizando a los niños, un cónyuge o un amante para llenar un vacío. Cuando reconocemos que nos sentimos solos o que tememos sentirnos solo, esto empieza a alejar el sentimiento desagradable.

Una vez te des cuenta de que te sientes solo, el primer paso será preguntarte si hay algo que puedas darte que te aporte alegría o comodidad, por ejemplo más tiempo para relajarte o algo que pueda mejorar tu cuerpo. Escucha a tu intuición. Comprueba si hay algo importante respecto a tu vida que necesites hacer. ¿Has captado cuchicheos, insinuaciones o ideas de ti mismo que tal vez hayas estado ignorando? No olvides nunca que tú eres especial y que tu vida es preciosa. Lo que tú quieres es importante. Averigüa qué es. Pon tu atención en ti. Esto no te hará egoísta y evitará que siempre intentes llamar la atención de los demás para llenar tu propio vacío.

Al tiempo que cuidas tu propia energía puedes ver hasta qué punto se extiende con respecto a los demás. Por ejemplo, si quieres más cordialidad, apoyo y compañía, mira dónde puedes darte esto a ti mismo y entonces puedes buscar un modo de propagarlo a los demás. Mira dónde puedes alargar la mano y hacer nuevos amigos, así como consolidar amistades ya establecidas. Recuerda, cuanto más disfrutes de tu propia compañía, ¡más disfrutarán los demás!

Comunica tus sentimientos

¡Así que estás afligido! Aunque el objeto de tu amor no parece estarlo, al menos por ti. La desesperación surge y la autoestima baja repentinamente, así que ¿qué hacer? Cuando envías tu amor y atención a una persona y éstos no retornan, no te lo tomes como algo personal: pueden estar temerosos, confundidos o tal vez ¡casados con otra persona! Relájate y felicítate por tener unos sentimientos tan apasionados –y que provienen de ti–. Al estar abierto, te abres a ti mismo a esta relación o a otra incluso mejor. Disfruta sintiendo esos sentimientos y comunicándolos si lo consideras adecuado, tú los sientes esté tu «amado» o no. Cuando los sientas plenamente, recuerda que eres es la persona más importante de tu vida y recupere toda tu energía. Concéntrate en ti mismo, en tu vida y en lo que es importante y agradable para ti. Asegúrate de que disfrutas estando con otras personas. Por difícil que pueda parecer, simplemente desea alejarte de esa persona. Piensa en cambio en ti mismo. Vuelve a involucrarte de nuevo con tu vida. Si dejas marchar a esa persona, ésta puede volver a ti o alguien mejor puede aparecer con el tiempo.

Si te resulta oportuno, puedes comunicar lo que sientes y decir lo que te gustaría. Sin embargo necesitas con todo sentirte contento contigo mismo, indiferentemente de la respuesta que obtengas. Recuerda que no es bueno hacer patente tu amor y tu atención donde no parecen ser apreciados y deseados. Dirígelos más bien hacia donde sean bien recibidos y valorados.

Es hermoso tener una pareja, un amante, una persona especial. Aunque habrá momentos en los que no, momentos en los que es más adecuado que, por ejemplo, estés totalmente concentrado en tu trabajo. Puedes volcarse en otras fuentes para dar y recibir apoyo y afecto, como amigos, familia y colegas. Siempre es bueno, incluso en una relación más estrecha, tener este equilibrio de intercambio con otras personas; esto aumenta el compromiso de la otra persona de serlo todo para ti y que tú lo seas todo para ella. Sin embargo, por muy próximo que estés a la otra persona, sigue teniendo un «propósito» a seguir en tu vida. Cada persona es responsable de sí misma.

No obstante, si actualmente no estás «enamorado», probablemente lo estarás deseando, ¡a menos que hayas terminado un romance esta semana! Cada uno desea esa alta estima hacia uno mismo, hacia la vida y al hecho de ser amados que conlleva una relación romántica. Nos gusta la intimidad y la diversión. Sin embargo, no necesitas esperar una nueva «relación romántica», o un cambio de la actual para experimentar este destello. Nota el romance en tu vida cotidiana, con la persona con la que estás regular u ocasionalmente. Nota lo especial de tus intercambios en comparación con los compañeros del trabajo y con tus vecinos. Todo en la vida se vuelve romántico al experimentar su propia singularidad y lo que las otras personas tienen de especial.

Ten pensamientos útiles sobre las relaciones de pareja

En el ámbito de las relaciones, como en otros terrenos, te ayudará mucho centrarte en lo que funciona y te gusta hacer. Si continúas pensando y concentrándote en lo que le va mal con una persona, cava vez se parecerá más a eso. Sentir y expresar a menudo estimación supondrá una gran diferencia. Es fácil dejar de expresar aprecio a una persona que nos es cercana. Sabe por ti mismo cuánto deseas ser apreciado, que te digan lo bien que lo haces o cuánto le quieren. Las otras personas también. ¡Al tomar lo bueno de una persona te da la oportunidad de que se vuelva así, beneficiándole a él y a ti!

Cuando quieres mejorar las relaciones y atraer otras nuevas y mejores, es importante ver cómo los pensamientos que tienes sobre ti mismo llegan a esas personas. ¿Andas con pensamientos como: «Siempre me hieren / me dejan / me rechazan», «las relaciones son agotadoras», «no se puede confiar en las mujeres», «las mujeres son calculadoras y utilizan a los hombres», «los hombres son poco fiables», «no soy atractivo», «hombres o mujeres restringen mi libertad o poder», «la gente no me trata con respeto»? Si sientes que algunos de estos pensamientos se han convertido en profundas verdades para ti, entonces éstas tenderán a ser sus experiencias. Por ejemplo, una mujer que piensa que «no se puede confiar en los hombres» se tomará como algo personal si un hombre cambia o anula una cita porque en esos momentos ¡está con gripe!

Es más beneficioso tener pensamientos positivos como «mi relación con los hombres / las mujeres es alegre y estimulante», «los hombres son fiables y dan apoyo», «mis relaciones continúan», «soy una persona atractiva», «tengo libertad e intimidad en mis relaciones», «la gente me trata con respeto», «me gusta hacer lo que es mejor para mí». Ahora, con pensamientos como éstos, tu experiencia será inevitablemente mejor. Como sucede con todas las creencias profundas, necesitamos recordarnos continuamente que queremos ser así a partir de ahora. Si quieres mejoras en una nueva relación y en aquellas que ya tienes, lo más indicado es que corrijas tus pensamientos.

Conocer a gente nueva

Primero debes tomar la decisión de que quieres encontrarte con gente nueva. Necesitas estar abierto al encuentro con nuevas personas, hacer nuevos amigos, tal vez encontrar a esa persona especial. ¿Sientes que careces de confianza, que te preocupa lo que la gente piense de ti? Entonces haz trabajar su autoestima. Conviértete en la persona que deseas ser, por ejemplo, una persona sana, atractiva y de éxito solicitada y querida por la mayoría. ¿Cómo se debería comportar una persona así? No necesitas renovar totalmente tu imagen, si bien deberías probar una nueva apariencia. Si sabes que cosas te sientan bien, llévalas. Empiece tu nuevo armario a partir de lo que ya tienes. ¡Asegúrate de que dispones de muchas cosas para ponerte en estos nuevos encuentro sociales!

Al recordarte a ti mismo que eres una persona maravillosa, puedes salir tranquila y confiadamente y conocer a otras personas, sin sentir que necesitas impresionarlas. Puedes relajarte y poner tu atención en ellas; naturalmente puedes tomar la iniciativa si lo crees apropiado, participando en la conversación. Si estás tranquilo, la gente encontrará agradable estar contigo. ¡Te gustará incluso más si les escuchas con atención!

Disfruta siendo tú mismo

Ve dónde puedes tomar la iniciativa con respecto a las otras personas. Es más fácil si tienen un interés en común. Es posible que tengas que ser tú el que hace las llamadas telefónicas, el que hace sugerencias y saca invitaciones para mantener viva la relación si los otros no pueden por cualquier razón. Pueden tener estrés, estar nerviosos ante el temor de que puedas rechazarlos o simplemente pueden estar muy ocupados. Debes ser el que intenta acercarse a las personas con quien quieres pasar el rato. Al principio empieza con una situación que puedas manejar fácilmente, como una invitación para un café o para comer fuera (¡mejor que una cena de cinco platos cocinados por ti!). A medida que te relajes aflorará tu sentido natural de la diversión, no una forzada jovialidad. Sé tú mismo. Una actitud calmada, positiva y alegre atraerá a los amigos. No esperes que la gente te invite a tomar parte en la «acción», ¡créala tú mismo!

Operaciones de mantenimiento

Todas las relaciones, especialmente las amorosas, requieren un mantenimiento. Necesitan la aceptación de la otra persona y el deleitarse al estar con ella. Necesita un sentimiento de seguridad, ser capaz de compartir metas importantes con el otro y tener la voluntad de comunicarse abiertamente y de manera provechosa. Esto último, comunicarse abiertamente y de manera positiva, es vital para mantener la intimidad.

Las relaciones en las que el amor perdura son aquellas que mantienen la intimidad, dejando ver a la otra persona lo que tú realmente sientes. No dejes pasar el tiempo sin comunicarte con tu pareja. Poner al día lo que ambos están sintiendo es importante para mantener tu relación viva y profunda. Esto hay que combinarlo con la atención en todos los aspectos buenos de la pareja. El resentimiento acaba con el amor. Intenta dejar de culpar, juzgar o criticar continuamente lo que debería hacer, en voz alta o mentalmente.

Esto no significa que a veces no deba mostrar su lado vulnerable y admitir que tienes miedo o que estás confundido. Si no dices la verdad a la gente, ésta no puede relacionarse con su verdadero yo. Es una cuestión de equilibrio. La gente no quiere oír una y otra vez que estás, por ejemplo, cansado, nervioso o enfadado.

En una relación íntima querrás que tu pareja se preocupe por tus sentimientos, comportándote de un modo adecuado y bueno para ti, dándote apoyo. Se puede hablar de las cosas y mejorarlas para que ambas personas se sientan apoyadas y realizadas.

No juzgues a los demás

Algunos padres se muestran tan críticos que sus hijos crecen convencidos de que son malos e indignos. Las bofetadas emocionales de cada día se suman al sentimiento de que en ti hay algo malo. Si tu familia era de este tipo, sabrás que esos sentimientos no desaparecen cuando por fin consigues escapar para vivir tu propia vida.

Continúas sintiendo que eres malo y que algo pasa contigo. En tu interior hay una voz que te ataca de continuo, igual que lo hacían tus padres. Es como si te hubieses llevado contigo sus juicios, una negra herencia de tu infancia en familia.

El hábito de atacarte procede de la misma creencia que tenían tus padres: que los castigos emocionales corregirán tus defectos, castigarán tus pecados y te moldearán hasta convertirte en mejor persona. Pero no funcionaba entonces y continúa sin funcionar ahora. Lo único que consigues es dañar la autoestima. Paradójicamente, los ataques a tu persona nacen de una esperanza: la esperanza de que todo lo que detestas en ti puede corregirse y tomar una forma ideal. Con tu nuevo yo perfeccionado, la antigua sensación de ser malo y de tener algo defectuoso se curará por fin. Esta esperanza puede llegar a ser adictiva. Cada ataque contra tu persona mantiene la promesa de hacerte más aceptable a tus propios ojos. Es muy difícil no hacerlo, porque si dejas de atacarte parece que pierdes tu única oportunidad de llegar a sentirte valioso.

Sin embargo, al examinar tus experiencias con detenimiento, te darás cuenta de que eso no es cierto. Los juicios sólo consiguen derrumbarte. Ni una sola vez han conseguido que te sintieras un poco mejor contigo mismo. Es preciso que dejes el hábito de juzgar. Realiza los siguientes ejercicios, que te ayudarán a abstenerte de atacarte.

De forma irónica, el primer paso para superar los ataques contra tu propia persona es modificar la pauta con que juzgas a los demás. Durante la próxima semana, escucha las noticias de la radio sin emitir ningún tipo de juicio sobre los comportamientos que se describen en los reportajes. Convéncete de que todo el mundo actúa lo mejor que puede, teniendo en cuenta sus miedos, necesidades, capacidades, dolor e historia personal. Continúa trabajando en la tentación de juzgar a los demás y llama por teléfono a algún familiar cuyas opiniones a menudo te sacan de quicio. A lo largo de la conversación, intenta mantener una actitud no crítica. Abstente de juzgar como verdadero o falso, bueno o malo nada de lo que diga.

Evoca una escena pasada en la que te sentiste mal contigo mismo. Revive cada uno de los momentos de aquel episodio. Imagina la acción, escucha los diálogos. Pero, esta vez, experimenta lo acontecido sin juicios. Ten presente que tus necesidades, tus miedos, tus habilidades, tu dolor y tu historia personal conformaron las decisiones que tomaste. Date cuenta de que en aquel momento hiciste todo cuanto pudiste. Repite este ejercicio por lo menos con otros tres recuerdos.

Respétate a ti mismo y respeta a los demás

Para sentirnos aceptados y apoyados en nuestro entorno, es esencial que nos respetemos y hagamos lo propio con los demás. Para que nuestra vida se caracterice por el respeto es importante que nos rebelemos ante cualquier falta de respeto. Con perseverancia se puede conseguir perder la costumbre de no respetarse.

Sin recriminaciones y con gentileza debemos observar nuestros razonamientos para detectar si hay señales de que nos devaluamos y acusamos; en tal caso podemos cambiar esa conducta por una actitud de apoyo, libre de acusaciones hacia nuestra persona, y crear un razonamiento que subraye e incentive nuestro amor propio. Por ejemplo, cuando oímos que nuestra voz interior dice algo irrespetuoso como «Soy incapaz de hacer algo bien», debemos interrumpir y decir «¡Eh! eso no es cierto» y cambiar la frase por una expresión mucho más respetuosa.

Este principio es igualmente válido cuando empezamos a insistir en el respeto de los demás. Si en el trabajo te dan responsabilidad sin poder, o en casa esperan que saltes al primer grito de requerimiento de un niño o un adulto excesivamente exigente y malcriado, pregúntate si te sientes respetado o respetada. Si la respuesta es no, ¡cambia de actitud! Puesto que es cierto que los demás nos tratan cómo les enseñamos a hacerlo, es esencial que nos neguemos a ser tratados despectivamente si queremos ganar el respeto de los demás.

Aunque cuando recabemos el respeto de los demás es posible que, al principio, la gente que nos rodea se sorprenda y se resista a tratarnos así, aunque, lo más probable es que finalmente recibamos el trato que pedimos con insistencia.

Muestra tu apoyo y ánimo a los demás en todo momento

¿Has actuado alguna vez como una aspiradora emocional, que se cuela en los recovecos de dolor de los demás y lo absorbe como si fuera suyo? Es una equivocación pensar que si queremos a los demás debemos actuar así.

Es importante prestar atención a los demás, comprendiendo sus sentimientos, pero es igualmente importante que evitemos simpatizar con ellos hasta el punto que nos afecten igual a nosotros. Si simpatizamos con los demás hasta ese extremo, no les aliviamos su trastorno y, en cambio, mermamos nuestra capacidad de ayuda, porque entonces son nuestros los sentimientos que nos absorben y nos impiden concentrarnos en su experiencia.

Una manera de ayudar cariñosamente a los que padecen es cultivar el desapego compasivo, que requiere tener profundos sentimientos hacia la otra persona, comprender la dimensión de su pena, sin quedar inmerso en ello ni asumir la responsabilidad de resolver o mejorar la situación.

Prestar atención solidariamente a la aflicción de otra persona es más constructivo que tratar de componerla. Cada cual debe encontrar sus propias soluciones y el mejor regalo que se puede encontrar en el recorrido es sentirse respaldado y animado por los demás.

El cultivar el distanciamiento compasivo nos libera

de los «dolores simpáticos» y nos permite implicarnos de verdad con los demás proporcionándoles nuestro decidido apoyo y ánimo.

VI. LA COMUNICACIÓN NOS RELACIONA CON LOS DEMÁS

Otro punto de vista es posible

La comunicación buena y abierta es importante para mantener cálidas y afectuosas las relaciones. Deja que la gente sepa lo que sientes sobre lo que te concierne y te agrada, todo ayuda a mantener estrecha una relación. Cuando quieras discutir un problema con otra persona lo mejor es hacerlo el mismo día en que suceda, no lo dejes arrastrar hasta que aparezcan nuevos malentendidos.

La gente tiene diferentes enfoques de la vida. No des por hecho que van a ver las cosas desde tu punto de vista o que entienden cómo te sientes o qué quieres. Dilo, aunque no esperes que cambien inmediatamente su manera de ver las cosas. Prepárate para escuchar cómo piensan y sienten. Resuelve cómo puedes ayudar a los demás a encontrar una solución, sin obligarles a algo que no quieren hacer.

Aunque no necesitas saber exactamente por qué estás sintiendo de una manera determinada, es importante que recuerdes que no siempre estás preocupado por la razón que crees. Muy a menudo las viejas heridas son provocadas por lo que otra persona dice o hace.

Es muy fácil que, cuando te sientes herido o desesperado, especialmente con aquellos que te son muy próximos, grites, explotes de rabia y digas todo tipo de cosas de las que luego te arrepientas, pero que permanecen en el corazón de la otra persona. Mientras lo más recomendable es integrar las emociones e ir comunicando en el día a día, a veces las cosas se acumulan y una pequeña discusión puede convertirse en una pelea de envergadura. ¡Recurrir al enfado, como ya sabemos, no sirve de nada!

Podrías intentar apartar los sentimientos y emociones que crees serán dolorosos para no causar una discusión. Cuando hacemos esto nuestros sentimientos no afloran, se mueven dentro de nosotros y cambian, pero permanecen atrapados. Reconoce tus sentimientos, al menos para ti mismo, y éstos se transformarán. A menudo tampoco decimos cómo nos sentimos realmente, actuando sin lealtad: un sentimiento nuestro contra el mundo. Nuestra pareja es nuestro aliado y tememos perder su afecto. Lo que debemos hacer es respetar nuestros sentimientos más íntimos y los de nuestra pareja.

Concéntrate siempre en lo que funciona en tu relación, en qué es correcto, qué es bueno o los puntos positivos.

Saber escuchar a los demás

La buena voluntad es un elemento esencial en todas nuestras comunicaciones con la gente, especialmente cuando tememos que a la otra persona no le vaya a gustar lo que tenemos que decir. Una de las cosas más importantes que la gente quiere que le muestren es respeto. Cuando se lo mostramos, especialmente si no estamos de acuerdo con ellos o les decimos algo que inicialmente no quieren oír, es más probable que el resultado sea beneficioso.

Si estás enfadado es mejor integrar esto en lugar de suprimirlo o mostrarlo de una manera totalmente incontrolada. Te sentirás peor por esto que por no haber dicho nada. A veces podrías necesitar pasar por el proceso antes descrito para apartar las ofensas y dejar de culparte. En otras ocasiones bastará una corta vuelta a la manzana. Recuerda que el objetivo de la autoestima siempre es encontrar la paz interior, no la fría venganza. Así que, cuando pienses en un próximo encuentro, puedes marcar la pauta aportando buena voluntad.

Si te entrometes demasiado puedes acabar molestando a los demás. Podrías tener que afrontar ataques y no obtendrías lo que esperas. Sin embargo te sentirás mejor por haber expresado tus sentimientos y deseos. Recuerda tener cierto grado de flexibilidad cuando pidas a alguien hacer algo que tú quieras. Tu nivel de buena voluntad es importante. Si comunicas lo que quieres, sigue manifestándolo y no te entretengas. Si estás exponiendo lo que sientes, asegúrate de controlar tus emociones y sé específico, por ejemplo: «Cuando haces tal cosa me siento...», mejor que: «Me irrita cuando haces tal cosa». Cuando te digan que estás armando un escándalo o que tienes una reacción exagerada, puedes también defenderte diciendo: «No creo que sea yo. Esto es importante para mí».

Si quieres que alguien mejore o cambie, resulta más útil hacer sugerencias o plantear preguntas que no decirle sólo lo que quieres que haga. También es importante escuchar sin juzgar cuando una persona está hablando. Si es oportuno, puedes indicar que aprecias que se sientan preocupados. A veces, frente a personas agresivas que todos quieren que se callen, puede ser útil preguntarles: «¿Hay algo más que quieras preguntar?». Esto puede funcionar porque no están acostumbrados a que la gente les quiera escuchar.

A veces no nos comunicamos directa y claramente porque estamos demasiado viciados por nuestra propia necesidad de aprobación, preocupados más sobre lo que los otros piensan y sienten que sobre nuestros propios pensamientos y sentimientos. Nos volvemos incapaces de actuar o hablar por nosotros mismos, incluso cuando es adecuado o esencial para nuestro bienestar que lo hagamos. Recuerda, en la mayoría de los casos no necesitas explicar tu vida a las otras personas, especialmente cuando no les afecta en modo alguno. Elige lo que sea adecuado para ti. Tu elección de peinado, ropa, vacaciones, compañeros, no necesita de explicación alguna, ni importa realmente lo que los demás piensen. Ni debes permitir que los demás utilicen un sentimiento de culpa para manipularte: «Quiero que hagas esto y si no lo haces quiere decir que no me quieres, no eres un buen amigo». Sé tu propio juez, pero no en un sentido crítico.

Cuando anteponemos las opiniones y los sentimientos de los demás a los nuestros, hacemos disminuir nuestra autoestima y nuestra energía. Sabemos en el fondo que no nos estamos haciendo honor a nosotros mismos, que hay algo descentrado en el camino que estamos haciendo. También creemos que los sentimientos y las opiniones de los demás son más importantes que los nuestros. Entonces nos tratan de esa manera y nos quejamos de que nuestros pensamientos y opiniones no han sido tomados en consideración por los demás.

Puedes ser muy sincero contigo mismo; sin embargo serás más eficaz si, con mucho tacto, también es sincero con la otra gente. Igualmente a ti no te corresponde poner en tela de juicio a otras personas y su comportamiento, ¡por muy extraño que te pueda parecer!

Compasión por alguien que te ha herido

A lo mejor de pequeño jugaste a ese juego de enseñar todas tus cicatrices a los otros niños. ¿Te acuerdas? Siempre era divertido, y muy dramático, porque te ofrecía la oportunidad de relatar la fantástica historia de las aventuras sobre cómo te hiciste cada herida, y de escuchar los relatos de los otros niños.

Las historias que se esconden tras las cicatrices emocionales no son tan divertidas de recordar. Si te han herido emocionalmente (a todos nos ha sucedido), seguro que te ha quedado alguna cicatriz como prueba. Al igual que las cicatrices físicas, las emocionales se pueden ver aunque ya están desgastadas porque se han curado en gran medida. Por desgracia, muchas personas tienen heridas emocionales en lugar de cicatrices. El daño que sufrieron no ha llegado a curarse, las heridas continúan abiertas y son muy dolorosas.

Si alguien te hizo daño en el pasado, la compasión puede ser un bálsamo muy eficaz para sanar la herida. Comprender, aceptar y perdonar a esa persona le dará a tu herida la oportunidad de curarse y podrás encontrar consuelo para ese dolor que sientes. La siguiente visualización te permitirá liberar todo el dolor y la ira de esa herida del pasado abriendo tu corazón a la persona que te hirió. Es muy útil grabar en una cinta las instrucciones para escucharlas mientras realizas la visualización.

Cuando las grabes, recuerda que debes hablar con lentitud, utilizando un tono suave, calmado y claro. Siéntate o túmbate boca arriba con las manos relajadas, los brazos estirados y las piernas separadas. Cierra los ojos y respira profundamente unas cuantas veces. Sigue respirando lenta y profundamente mientras buscas puntos de tensión corporal.

Cuando encuentres una zona rígida, relaja los músculos y ve entrando en un estado de relajación profundo y agradable. Deja que tu respiración se haga aún más lenta y no emitas ningún tipo de juicio. Acepta cualquier imagen que te venga a la cabeza, aunque al principio parezca no tener sentido. Imagina que hay una silla frente a ti. Hay alguien sentado, alguien que te hirió de alguna forma. Imagina a esa persona que te hizo daño sentada en silencio en la silla. Fíjate en todos los detalles: si es muy voluminosa, el color de la ropa que lleva y cómo le sienta, en qué postura está. Esa persona te mira con calma, en actitud expectante. Dile:

Eres un ser humano, igual que yo. Cuando me hiciste daño sólo intentabas sobrevivir. Hiciste todo cuanto pudiste teniendo en cuenta tus limitaciones y tu punto de vista en aquella situación. Puedo comprender tus motivos, tus miedos y tus esperanzas.

Los comparto porque yo también soy humano. Tal vez no me guste lo que hiciste, pero lo comprendo. Acepto el hecho de que me hirieses. No me gusta, pero no te condeno por ello. Nada puede cambiar lo sucedido. Te perdono. Tal vez no comparta tu opinión ni apruebe lo que hiciste, pero puedo perdonar. Puedo desasirme del pasado y pasar página. Sé resentimiento y sed de venganza. Nuestras diferencias son ya agua pasada. Tengo el poder del presente y puedo perdonarte.

Dejo atrás toda mi cólera.

Sigue mirando a esa persona y ábrele tu corazón poco a poco. Ábrete, dejando escapar la ira y el resentimiento como si fuese una melodía que cada vez se escucha más lejos. Si te resulta difícil sentir empatía o deshacerte de la ira, no te juzgues. Ve a tu ritmo y no te presiones. Cuando estés preparado, di de nuevo: «Te perdono». Deja que la imagen de la persona que está sentada en la silla se desvanezca poco a poco hasta desaparecer. Esta visualización es especialmente útil cuando alguien se ha portado mal contigo o cuando algún hecho del pasado continúa entrometiéndose en tu visión del presente.

El camino de la felicidad

A menudo la manera de hacer una crítica es tan dañina como lo que se ha dicho. A veces, a pesar de que la información pueda ser correcta, hubiera sido más indicado haber hecho algo de manera diferente; es la frialdad, la cólera o el aparente resentimiento que se comunica lo que puede ser tan perjudicial.

Piensa cómo podrías haber manejado las cosas de un modo diferente y no intentes defenderte. Di cómo te sientes y haz los comentarios pertinentes con las acciones adecuadas. La crítica tiende a alimentar las dudas sobre uno mismo; mientras no quieras estar ciego a los cambios que pueden servirnos, necesitas volver a una fuerte confianza en ti mismo.

Cuando afrontes la crítica furiosa, especialmente si es de tipo amenazador, ve ante todo si esa persona es de por sí colérica, ¡si no has provocado ese enfado, otro lo habrá hecho! Obedece sus demandas sólo si lo consideras adecuado y no sientas la necesidad de cambiar tu comportamiento para ajustarse a ellas, a menos que lo quieras. Si te sientes muy preocupado, haz trabajar la autoestima y trata de sentirte lo mejor que puedas; después podrás decidir más claramente lo que quieres hacer y decir. Sé prudente, ¡especialmente si la persona enfada es tu jefe! También debes felicitarse cuando las cosas que acostumbraban a preocuparte ya no le hacen mella. No hay necesidad de hablarle furiosamente a la otra persona, simplemente relájate y déjalo. Haz que tales críticas te vuelvan más suave y amable, no más duro y temeroso.

Abandona el resentimiento –¡un gran cambio!– y concéntrate en lo que quieres. Continúa cambiando tus pensamientos, deja que tus emociones fluyan y se integren. Adáptalo al momento de relajación. Asimismo pon atención en la dieta, el ejercicio moderado, el descanso y el aire fresco. Todo esto te fortalecerá. Acuérdate de que tu autoestima y un cálido apoyo son lo más importante para ti.

Manejar a personas difíciles

No hay duda de que con el tiempo uno se va encontrando con gente que es irritable, malhumorada, antipática y desagradable. Te ahorrarás un montón de tiempo y energía si eres lo suficientemente fuerte como para no verte ahogado por los argumentos de tales personas. Si alguna vez te hacen una observación negativa o desagradable, en una tienda, por parte de alguno de tus proveedores o de quien sea, simplemente no te preocupes por ello. ¡Incluso si estás totalmente de acuerdo con ellos puedes quitar importancia al asunto! Si siempre recibes de los demás agresiones y respuestas negativas y furiosas, intenta mirar si hay en ti algo que incite a tales reacciones. Sin embargo, si se trata de un desafortunado encuentro casual, simplemente relájate y olvida las actitudes desagradables cuando salgas de la tienda o de la oficina.

Recuerda que, cuanto más detestable es una persona, más neurótica es. ¡Si la gente no se respeta a sí misma tampoco respetará a los demás! Puede suceder perfectamente que en algún momento debas tratar con tales personas, gente que incluso es maliciosa y grosera, que intenta deliberadamente causar daño a los demás. Por muy difícil que parezca ante una situación injusta o amenazante, es importante que retires de ella tus emociones y energía para ser capaz de seguir adelante con lo que es realmente importante en tu vida. Recuerda, la gente más colérica se vuelve la más desvalida cuando se trata de sentimientos. Asume que se comportan así a causa de su baja autoestima, de trastornos interiores y de preocupaciones. Para ti el desafío es permanecer equilibrado y natural, aunque capaz de defenderte y proteger tus derechos. Para poder hacer esto de un modo efectivo, necesitas centrarte en los hechos, no en las emociones que los rodean.

Así, el primer paso es liberarse de los propios sentimientos de ira, frustración y culpabilidad. El segundo paso es aclarar los hechos. ¿Cuáles son sus auténticos derechos en la situación? Míralo como algo por lo que debes pasar y no como una salida emocional. Si hay distracciones, puede parecer difícil hacerlo. Sin embargo, recuerda que no necesitas que te atrapen con argumentos interminables, que incluso pueden no ser importantes para usted. Retira tu energía.

Haz un lugar para las cosas buenas

Los matones son a menudo gente con una baja autoestima que necesitan asustar o intimidar a los demás. Están constantemente tanto a la defensiva como a la ofensiva para ejercer su poder, si bien en realidad están expresando un temor a la existencia. Cuando estos individuos son molestados por alguna razón, se muestran muy desagradables en el trato. Si puedes evitarlos, hazlo. No te dejes intimidar.

Si te sientes cohibido, tal vez por vecinos o en el trabajo, intenta ir hacia una autoestima tranquila, aunque te sientas preocupado. Acepta el apoyo de los amigos, la familia o los compañeros. Enfréntate a los hechos de la situación, perfilando lo que ocurrió y lo que debes hacer ahora. En la medida de lo posible expón públicamente lo que está sucediendo. Algunas veces podrás unirte a los demás; en otras todo dependerá de ti y necesitarás recibir consejos para defender tus derechos.

Sin embargo, pide apoyo personal a sus amigos y tal vez también a aquellos que mandan o que tienen experiencia si se trata de otros temas. Es esencial que mantengas elevados tus propios pensamientos y permanezcas concentrado en lo que es importante para ti. Pero nota que hay gente que no comparte necesariamente tus ideales e intenciones. Pueden ser personas maliciosas o simplemente desconsideradas, que no se preocupan por los efectos que su comportamiento tienen en los demás y que están decididos a seguir haciendo lo que les conviene.

Cuando sientas que juzgas a los demás, intenta dejarlo y centra tu atención en ti. Concéntrate en lo que quieres conseguir y lo que puedes hacer por ti mismo para ayudarte a sentir bien. Aprende a dejar pasar cualquier situación que no parezca armoniosa. Si es una situación social, olvídese de ella cuando abandone el acto. A veces hay que proponerse firmemente arrancar de sí los pensamientos, pero esto resulta excelente y es el único modo de seguir adelante.

Es importante cuidar de uno mismo para continuar con lo que es importante y recuperar la energía. Considera el contratiempo con la otra persona como un fastidio, ni más ni menos. Tú eres la persona más importante de tu vida. A nivel físico incluye la relajación y asegúrate de que tus pensamientos te apoyan. Anota sus objetivos respecto a lo que es importante para ti.

No dejes tareas a medio hacer

Los asuntos que dejamos a medio hacer nos resultan muchas veces enervantes y desalentadores. Puede tratarse de cosas que nos sabe mal haber dicho, atenciones que no tuvimos, confusos malentendidos u ocasiones en las que nos hubiese gustado sostenernos. En los grupos que dirigí durante muchos años para personas que estaban de duelo, los asuntos pendientes constituían uno de los aspectos más difíciles de la aflicción que sentía la gente; se lamentaban de que la muerte les había robado la posibilidad de comportarse de otra manera con un ser querido.

Para nuestra salud emocional es conveniente terminar los asuntos que quedaron pendientes, componer las relaciones rotas y tomar el tiempo necesario para decir las cosas que sentimos pero que raras veces expresamos. El aclarar los asuntos sin acabar hace tener amor propio y mejora la paz mental, pues transmite la sensación de que hay cosas completas en nuestra vida.

Quisiera compartir con vosotros mis tres palabras mágicas para terminar los asuntos pendientes. La primera es rehacer; si hay algo de lo que estamos arrepentidos y es posible volver a hacerlo de otra manera, podemos. La segunda, remediar; podemos tener el coraje de aceptar la responsabilidad de haber hecho daño a alguien y excusarnos. En tercer lugar, es importante que sepamos cuándo debemos liberar nuestros sentimientos por haber causado daño.

Cuando hayamos terminado nuestro asunto lo mejor que sepamos, es conveniente que nos aliviemos liberando lo que no se puede cambiar y felicitándonos por haber mejorado todo lo que era posible.

VII. CONTROLA TU PROPIO CUERPO

Tus pensamientos y sentimientos modelan tu cuerpo

Mucha gente cree que su cuerpo no es atractivo. Puede estar perdiendo un montón de tiempo si constantemente se lamenta porque: «No soy atractivo, tengo sobrepeso, mis piernas son demasiado cortas» o lo que sea; esto centra su atención en lo que no le gusta, no en lo que le gusta. Se forma una imagen poco atractiva de sí mismo y esto es lo que proyecta y divulga al mundo. Además, incluso si los demás piensan que estás bien, te siente obligado a no creerles del todo.

Si piensas que sería mejor estar más delgado, más en forma, dedica alguna atención a tu peso, peinado o ropa de la manera más agradable posible y que te proporcione los resultados que deseas. No dejes de hacer cosas porque creas que no eres lo suficientemente atractivo, sobre todo cuando quieras hacer cambios; gustarse a sí mismo es importante, proporciona apoyo y es provechoso. ¡No esperes hasta haber perdido peso, por ejemplo, para empezar a gustarte y hacer las cosas que deseas! Mientras tu salud y apariencia externa mejorarán con la nutrición, la comida sana y el arreglo personal, tu aspecto también se ve afectado por sus pensamientos y sentimientos.

Concéntrate en lo que es atractivo de ti

Hay en día se pone mucho énfasis en el aspecto externo de la persona; sin embargo, lo que se piensa sobre ellos y cómo se perciben a sí mismos –su imagen interior– juegan un importante papel en cómo lo perciben los demás. Así pues, concéntrate en las partes que te gusten y descubrirás que esos aspectos son en los que la gente se fija.

Habla de tu cuerpo: como te gustaría que fuera, sano y atractivo. Imagina tu cuerpo de esa manera. Cuando notes que está hablando de tu cuerpo o pensando en él de un modo que no realza tu autoestima, abandona esa manera de percibirte y piensa cómo te gustaría ser. Cuanto más te concentres en una cosa, más se agiganta ésta, así que no enfatices tus defectos. Trata a su cuerpo como un amigo al que quieres amar y apoyar.

Evita los comportamientos compulsivos

Posiblemente ya sabes que puedes ayudarte o no a ti mismo respecto al tema de la comida. Puedes ser consciente de que comes compulsivamente para sofocar tus sentimientos y para encontrar consuelo. Si, como inevitablemente ocurre, más tarde te sientes culpable y mal, hay muy poco placer en todo el asunto. Si comes montones de dulces, mira a ver si puedes encontrar otras maneras de «endulzar» tu vida permitiéndote muchas de las cosas que le gustan.

Casi todos los comportamientos compulsivos afectan negativamente a nuestro cuerpo. Necesitamos estar suficientemente comprometidos con nosotros mismos para querer cambiar y avanzar porque haciendo esto mejoramos nuestra autoestima y nos resulta todo más alegre. Tan pronto como te oigas diciendo «nunca más», ¡sepas que sí, que lo harás! Lo que necesitas es perdonarte por lo que sientes que ha estado haciendo mal, dejar de culparte. En todo cambio esto es vital, sobre todo cuando quieres cambiar tu comportamiento.

Percibe también qué sentimientos estás ignorando o incluso reprimiendo al seguir con el comportamiento que quieres cambiar, sea por abandono, descuido o falta de decisión. ¿Qué es lo que realmente estás sintiendo? Da seguridad experimentar los propios sentimientos. Al hacerlo, éstos te apoyarán más. ¿Existe la posibilidad de que puedas ser más amable contigo mismo? ¿Estás escuchando lo que realmente quieres, tanto lo que quiere tu cuerpo como lo que quieres en la vida? Empieza a darte más de lo que quiere. Esto también significa tomar la acción apropiada para seguir adelante en la vida.

¿Estás pensando en ponerte a dieta o en seguir un programa de ejercicios para perder peso y modelar su figura? Tal vez hayas estado antes haciendo dietas y ejercicios pero después has recaído en los viejos hábitos. Tal vez has llegado donde querías estar y después has vuelto accidentalmente a tu anterior peso. La dieta y el ejercicio adecuados, entonces deben considerarse los factores mentales y emocionales.

Tal vez deba preguntarte primero: «¿Qué estoy esperando?» ¿Hay algún aspecto de tu vida en el que quieres progresar? Si es así, entonces conviertas en una prioridad la identificación de lo que quieres conseguir y ver cómo puedes lograrlo. ¿Estás cargando con el peso muerto de tus propios deseos frustrados? Podría decirse que lo harás cuando hayas perdido peso, no obstante podrías estar dependiendo de ese peso simplemente porque no sigues lo que te gustaría hacer de corazón.

El miedo y todas nuestras emociones pueden fortalecerse si no los queremos reconocer. El sobrepeso puede ser la manera con que el cuerpo se adapta al estrés. Donde hay un miedo a ser herido, podría ser que inconscientemente se haya añadido una capa para protegerse a sí mismo. Intenta inspirar fuertemente y relajarte; simplemente nota lo que estás sintiendo. Sigue recordándote que es seguro sentir tus sentimientos en todo momento. Al reconocer y aceptar sus sentimientos te resultará más fácil hacer los cambios que quieres para su manera de comportarte.

Cuida tu cuerpo

¿Nunca has estado caminando cuando, de repente, te das cuenta de que llevas los hombros en tensión desde quién sabe cuánto tiempo? ¿O que hace horas que no respiras profundamente? ¿O que no has relajado los músculos de la mandíbula desde que la cerraste con rabia esa mañana porque alguien te sacó de tus casillas en el coche? Tu cuerpo te habla siempre y con una voz alta y clara. Te dice cosas como: «Estoy tenso», «No puedo respirar», «Me duele el estómago desde la estresante reunión de esta mañana», o «No me queda energía para enfrentarme a mi horrible trabajo». Por mucho que lo intentes, no lograrás desoír esos mensajes durante mucho tiempo. No podrás evitar sentir el cúmulo de tensiones.

¿Estás relajado en estos momentos? ¿Sientes tensión en alguna parte del cuerpo? Por desgracia, si eres como la mayoría de la gente, seguro que estás más al tanto de cuánto dinero tienes en la cuenta corriente o de si a tu coche le toca un cambio de aceite que de las necesidades de tu propio cuerpo. Bueno, ya va siendo hora de cambiar las cosas, ha llegado el momento de que lo escuches. Tu cuerpo puede hablarte de relajación mucho mejor que nadie, ya que conoce tus estados particulares de tensión y relajación.

¿Te has acercado alguna vez una concha al oído para escuchar el sonido del mar? Con ese mismo tipo de concentración, intenta escuchar atentamente a tu cuerpo. Cierra los ojos y trata de oír lo que tu cuerpo te explica acerca de cómo se siente. Todo lo que tienes que hacer es centrar la atención hacia tu interior y escuchar en silencio.

Ve a algún lugar tranquilo y cierra los ojos. Deja que tu respiración se haga más lenta y profunda. Pregúntale a tu cuerpo: «¿Dónde estás tenso?». Examínalo en busca de un cuello o de músculos de la espalda tensos, articulaciones doloridas, pequeños dolores o malestares en los brazos o las piernas, palpitaciones en los párpados o zonas delicadas que intentas proteger con tensión muscular.

Cada vez que encuentres una palpitación o una zona tensa, agradécele a tu cuerpo que te las haya mostrado. Recuerda que toda tensión es muscular y que la contracción de los músculos la produces tú mismo aunque no te des cuenta de que lo estás haciendo. De este modo, una vez hayas tomado conciencia de tus tensiones, puedes empezar a liberarlas. Céntrate un momento en cada zona, explora la rigidez o el dolor, incluso exagéralo un poco si eres capaz de hacerlo. Expira lentamente y permite que los músculos tensos se relajen, que los párpados dejen de palpitar, que las rodillas dejen de dolerte. Le dices a tu cuerpo: «Todo va bien, podemos estar tranquilos un momento. Podemos relajarnos».

Cuando hayas conseguido en todo tu cuerpo una sensación de relajación, recuerda agradecerle que te mantenga vivo e informado, que esté a tu servicio a pesar de todas las ocasiones en las que has pasado por alto sus necesidades. Hoy haz algo especial por tu cuerpo. Lo harías por tu coche o por tu casa, así que, ¿por qué no hacerlo por tu yo físico? Prepárate un baño de burbujas, utiliza tu loción corporal preferida o ponte las prendas de algodón más cómodas que tengas. Quizá sea buena idea acercarte al supermercado y comprar algo para preparar una comida sana. No olvides hablar con tu cuerpo con regularidad; te dirá lo que necesitas para sentirte nutrido y limpio.

Manejar el dolor y la enfermedad

Cuando te sientas físicamente débil, tu prioridad debe ser relajarte y cuidarte. Haz lo que puedas para mantener o fijar acuerdos con los demás, sin embargo, no vayas más allá de un cierto punto. Si lo haces, conseguirás uy poco y será peor. Durante todo el tiempo de enfermedad, cuida tu cuerpo; detrás de muchos resfriados y gripes reside el agotamiento que nos hace más vulnerables a ellos. Muy a menudo estamos demasiado ocupados en identificar y poner en su sitio lo que necesitamos para mantenernos bien: el descanso, la relajación, una actitud positiva, la comida, el ejercicio, el compañerismo y el trabajo que nos sienta mejor.

Cuando se está físicamente enfermo es muy difícil sentir una alta autoestima, sentirse centrado. Hay una tendencia a dejar que tu estado te abata. Por lo tanto es doblemente importante hacer todo lo posible para ayudarte. Haz todo lo que puedas para aliviar cualquier dolor, sea mediante la medicina convencional o una alternativa. Si puedes, intenta escuchar música espiritual y relajante. Éste no es el momento de resolver el porqué y cómo esto ha sucedido, incluso si el problema se repite o es crónico. Recuerda que los peores síntomas son temporales, concibe que te vas a sentir mejor. Al acostarse cómodamente, envía mensajes a tus células para curarte y funcionar perfectamente, recuerda un tiempo pasado en el que te sentías bien y lleno de vitalidad. Si estás en una situación incómoda, pregúntate qué cosa, qué pequeña cosa puedes hacer que te proporcione alegría. Podría ser escuchar un programa concreto de radio, tomar un baño relajante, sentarse apoyado cómodamente de manera que puedas leer tu revista favorita. Escucha a tu intuición para revitalizarte. Ayúdate visualizándote a ti mismo como una totalidad, sano y vibrante.

Enfrentarse al dolor

Enfrentarse al dolor es una técnica. Si sabes de qué forma actúa y cómo hacerle frente, los encuentros con el dolor resultarán menos abrumadores. Cuando sientes dolor, lo único en lo que puedes pensar es en el ahora, cuesta mucho imaginar que volverás a sentirte bien. En esas ocasiones, lo único que querrías hacer es escapar. Cuando te sientas así, te será de gran ayuda recordar que ya has sufrido antes ese sentimiento y que acabará por desaparecer. También existe una técnica que recibe el nombre de anclaje.

El anclaje te ayuda a experimentar de nuevo momentos en los que te sentiste seguro y a gusto contigo mismo. Un ancla es un estímulo que evoca sentimientos que proceden de determinados acontecimientos del pasado. Por ejemplo, si piensas en el amor y la protección que te daba tu abuela cada vez que comes galletas caseras recién hechas, entonces para ti las galletas caseras son un ancla. Las galletas funcionan como estímulo, y los sentimientos de amor y seguridad son la respuesta consecuente. Desde luego muchas de tus anclas son involuntarias, pero puedes crear unas cuantas voluntariamente para utilizarlas en provecho propio. Todo lo que tienes que hacer es tocarte en la muñeca para recordar un ancla positiva que hayas creado.

Alex, un artista de 32 años, utiliza esta técnica. Desde que era pequeño, siempre ha expresado su talante artístico en prácticamente todo lo que ha hecho. Su familia se percató de sus inclinaciones artísticas cuando, con 2 años de edad, creó un mural colorista y elaborado que cubría gran parte del caro sofá de piel de su casa. Sus padres sustituyeron el sofá por otro un poco más barato, pero conservaron el sofá de piel y lo pusieron en la habitación de Alex para que recordara siempre su obra más temprana.

Cuando se hizo mayor, Alex se introdujo en el mundo del arte, donde no todos le apoyaron tanto ni se mostraron tan alentadores con su arte como sus padres. Le resultó difícil establecerse como artista profesional; los críticos a veces escribían artículos sobre sus obras que no le eran favorables, algunas inauguraciones en galerías de arte resultaron un fracaso, y cosas por el estilo. Sin embargo, Alex se estableció un ancla personal que podía utilizar siempre que se sentía desalentado o su crítico interior empezaba a atacarle. Se retiraba a algún lugar tranquilo y realizaba un ejercicio que consistía en tocarse la muñeca y recordar la antigua habitación de cuando era niño. Visualizaba aquel sofá que sus padres dejaron siempre en su dormitorio para que recordase su carácter artístico intrínseco. Recordaba los colores del sofá: los remolinos verdes, las líneas curvas de color naranja y los puntos amarillos. Alex respiraba profundamente y, a medida que iba sintiendo renacer la confianza en sí mismo, su verdadera pasión por el arte invadía todo su cuerpo y le permitía seguir adelante y enfrentarse a los obstáculos que encontraba en el camino. Deténte un momento para intentar realizar este ejercicio, que es sencillo pero muy eficaz:

1. Siéntate en una postura cómoda y en un lugar donde nadie te moleste. Cierra los ojos y relaja todo tu

cuerpo, respira profundamente para liberar la tensión de las zonas que notes rígidas.

2. Vuelve atrás en el tiempo. Imagina un momento en el que te sentiste especialmente seguro o en el que obtuviste algún éxito. Toma conciencia de todo lo que había en aquel lugar: las vistas, los sonidos, los sabores, los olores, las sensaciones. Observa qué aspecto tenías y qué aspecto tenían los demás. Escucha la seguridad en tu voz; escucha los elogios que los demás te dedican. Siente la seguridad y la aceptación personal de aquel momento.

3. Cuando las imágenes sean lo bastante claras como para transmitirte esa seguridad, tócate la muñeca izquierda con la mano derecha. Tócala con firmeza y en un punto determinado que puedas recordar con facilidad. Estás anclando tus sentimientos a ese contacto en la muñeca y, más adelante, lo duplicarás con exactitud.

Repite esta misma secuencia con otros cuatro recuerdos o escenas imaginarias que estén relacionados con sentimientos de seguridad y valía personal. Cuando tu imagen mental ha ya creado un fuerte sentimiento de valía personal, tócate la muñeca exactamente igual que antes. Una vez te hayas anclado en tus propios buenos tiempos, podrás tocarte la muñeca cada vez que te veas en la necesidad de luchar contra un sentimiento negativo. Las escenas imaginarias o los recuerdos positivos son recursos a los que puedes acudir siempre que lo necesites. Ahora ya puedes combatir imágenes y sentimientos negativos con un contacto que te ancla a algunos bellos momentos de tu vida.

Recuperar la salud mediante la relajación

Puede ser preocupante si alguien próximo a ti está enfermo, especialmente si pareces empeorar y estás inquieto. Querrás hacer todo lo que puedas por esa persona. Pero si no puedes hacer más, o te sientes constantemente culpable, cansado y notas que tus esfuerzos no conducen a nada, entonces es el momento de retirarse. Siempre puedes ayudar a otra persona pensando que está curada y sana. Habla con ella usando palabras de ayuda y ánimo; eleva tu autoestima y recuérdale lo bien que lo estás haciendo, lo lejos que has llegado. Introduce en la conversación momentos pasados en los que disfrutabas de salud y energía. Mostrarles una elevada autoestima, buena voluntad y compasión tendrá un efecto positivo en esas personas.

Ejercicios para liberar tu cuerpo

¿Nunca has tenido una extraña sensación en el estómago sobre alguna cosa? ¿Alguna vez has estado tan enfadado que sentías las tripas encogerse de furia? ¿Has experimentado la tristeza como un gran peso sobre el pecho? Los sentimientos crónicos de una baja autoestima también se manifiestan en el cuerpo. Tal vez hayas sentido el vacío del fracaso en el estómago, la presión de la culpabilidad en el corazón o el dolor de la vergüenza en la garganta. A lo mejor tienes los hombros encorvados por culpa del miedo al rechazo.

El siguiente ejercicio te ayudará a liberar tu cuerpo de sentimientos relacionados con una baja autoestima. Es buena idea grabar los ejercicios en una cinta para volver a utilizarlos más adelante. El primer paso es relajar el cuerpo y la mente. Siéntate o túmbate en un lugar tranquilo, cierra los ojos y respira lenta y profundamente. Examina tu cuerpo, repasa todos los músculos en busca de señales de tensión. Si encuentras alguna zona rígida, respira profundamente y libera la tensión al expirar. Recuerda que debes explorar todo tu cuerpo: cara, pecho, espalda, brazos, estómago, pelvis y piernas.

Cuando sientas el cuerpo relajado, intenta apaciguar la mente. Elimina los pensamientos fortuitos que entran y salen de tu cabeza, concéntrate en una sensación de paz. Si algún pensamiento te importuna, déjalo entrar y observa cómo se aleja, siempre volviendo a centrarte en esa quietud mental. Ahora ya estás preparado para empezar la visualización que servirá para eliminar de tu cuerpo el dolor que tenga una base emocional.

Visualiza los sentimientos negativos que yacen en tu cuerpo. Dales a cada uno forma y color. Hazlos tan horribles y extraños como quieras. Podrían ser como un yunque, una espada, un saco de patatas o una cueva vacía. Respira profundamente varias veces. Con cada respiración, observa cómo se mueven esos sentimientos, salen de tu cuerpo y se alejan de ti. Contempla cómo el yunque se levanta de tu estómago o cómo esas manos que te ahogaban te sueltan el cuello. Flotas y te alejas de esos sentimientos desagradables. Han salido de tu cuerpo, tú te relajas y los dejas atrás. Cada vez están más lejos, mucho más lejos. Continúa concentrándote en la respiración mientras los sentimientos negativos se alejan cada vez más, primero se convierten en un punto distante y al final desaparecen por completo.

Repite: «Ésos son sentimientos del pasado. Regresan siempre que me encuentro en una situación que representa un reto. Sobreviviré a esos sentimientos, flotaré y me alejaré de ellos hasta que mi cuerpo esté libre de todo dolor».

Imagina que sales de tu propio cuerpo. Ahora ves lo mal que te sentías, cómo luchabas contra aquellos sentimientos negativos dentro del torso y a lo largo de las extremidades. Mírate la cara y contempla la postura en que se encuentra tu cuerpo. Imagina con un brillo de color rojo aquellos puntos en los que puede quedar algún sentimiento negativo. Dentro de pocos instantes, ese brillo se apagará. Respira profundamente mientras observas cómo disminuye el brillo rojo. Imagina que los sentimientos desagradables se marchan mientras el brillo desaparece poco a poco. Si lo deseas, puedes convertir esa luz roja en un color neutro o relajante; azul cielo o cualquier otro suave color pastel. Cuando ya hayas terminado, vuelve a entrar en tu cuerpo.

Por último, crea una imagen mental de ti mismo cuando ya hayan pasado días o años a partir del día de hoy, cuando ya haga mucho tiempo que esos sentimientos desagradables desaparecieron. Imagínate de pie, muy erguido, con la cabeza alta, seguro y relajado. Cuando tu conciencia regrese a un presente más relajado, recuerda que puedes repetir este ejercicio siempre que experimentes tensión o dolor corporal a causa del estrés emocional.

Sobrellevar la menstruación

Para las mujeres, la menstruación puede ser difícil o incluso dolorosa a nivel físico, mental y emocional. Puedes tener síntomas incómodos antes y durante la menstruación, como un malestar físico, retención de líquidos, calambres y dolor de cabeza. Puedes tener pensamiento que golpean constantemente tu cabeza, emociones reprimidas, una sensación de estar fuera de control. Ser consciente de todo esto los días anteriores al periodo, así como tratarte bien a ti misma durante el resto del mes, puede serte de gran ayuda.

Toma la comida, la bebida y haz la relajación que sean mejores para ti. Recuerda, tus necesidades individuales pueden ser muy diferentes de las de otra mujer. También puedes probar algunos tratamientos complementarios de medicina para aliviar el dolor en este momento. Lo mejor es repartirlos a lo largo del mes de modo que haya menos acumulación e incluso mayor equilibrio de energía. También puedes mantener tus pensamientos positivos y, si puede integrar sus emociones a lo largo del mes, habrá menos sentimientos reprimidos.

Saca el mejor provecho de ti

Cada persona, como ser único, tiene necesidades especiales en todos los aspectos de su vida. Pregúntate qué sería lo más provechoso que podrías hacer ahora para tu cuerpo. ¿Deberías parar y relajarte, moverte, comer determinados alimentos o hacerte un masaje? ¡Simplemente pregúntate a ti mismo y lo descubrirás! Si tu cuerpo tuviera una voz, ¿qué te estaría diciendo ahora? ¿Sería: «Estoy agotado, quiero cuidarme»? ¡Escucha y obtendrás la respuesta! Pasa entonces a la acción de una manera que sea agradable y te vigorice.

Los pensamientos con un bajo nivel de autoestima y el estrés son destructivos para la energía. La mezcla de miedo y la creencia de que nuestros sentimientos no son importantes nos llevan a una acumulación diaria de ansiedad y preocupación que causa agotamiento. Averigua qué te va bien y adopta las medidas necesarias. Recuerda que tus necesidades cambiarán en diferentes momentos.

Precisamente porque es eres un individuo único, maravilloso y especial, también tu cuerpo es único y maravilloso, con tus energías especiales, necesidades variables y atenciones. Escucha a tu intuición para saber lo que tu cuerpo necesita y quiere. Éste responderá al buen trato que le dispenses. Haz que tus hábitos y actitudes te ayuden a mantener alta su autoestima y tener la energía necesaria para vivir plenamente la vida.

Los valores de una vida

Tus creencias, tus valores y tus «debería» te ayudan a definirte como persona y a comprender quién eres. Sin embargo, ¿de dónde proceden esas creencias, esos valores y esos «debería»?

La mayoría de las creencias se forman como respuesta a alguna necesidad básica del ser humano; la necesidad de ser aceptado, amado, consolado o sustentado. Tus primeras creencias nacieron de la necesidad de que tus padres te aceptaran. Para conseguir sentirte seguro y protegido, adoptaste las creencias de tus padres sobre el trabajo; cómo canalizar a la ira, los errores y el dolor; de lo que se puede y de lo que no se puede hablar; cuáles son las metas correctas que debe uno marcarse en la vida; qué se les debe a los padres y demás miembros de la familia; y hasta qué punto una persona debería ser independiente. Muchas de estas creencias fueron probablemente infundidas mediante palabras con mucha carga de significado como «compromiso», «inteligencia» o «fuerza». Tus padres te dirigían esas palabras (o sus opuestos negativos) a ti o a otras personas que cumplían o incumplían ciertas normas específicas. Debido a la necesidad de complacer a tus padres, tendías a aceptar su opinión respecto a los demás, y en especial su visión y consecuentes juicios sobre ti.

Un segundo grupo de creencias procede de la necesidad de sentirte parte de un grupo o de recibir la aprobación de los demás. Para asegurarte de que consigues la aceptación que necesitas, aprendes a vivir según las reglas y las creencias del grupo al que perteneces; reglas acerca de cómo comportarte con tu pareja amorosa, cómo hacer frente a las agresiones y la ira, cuánto revelar de ti mismo, cuál es la actitud adecuada frente al sexo.

La tercera fuerza mayor que ayuda a conformar tus creencias es la necesidad de alcanzar el bienestar físico y emocional. Aquí se agrupan unas necesidades entre las que se encuentra la necesidad de tener una buena autoestima; la necesidad de protegerte del daño y la pérdida; la necesidad de encontrar placer, sentimientos o significado; y la necesidad de sentirte físicamente seguro.

Ésas son algunas de las necesidades que te ayudaron a formar las creencias, los valores y los «debería» por los que riges tu vida. Sin embargo, es posible que a veces te encuentres funcionando según creencias que ya no se ajustan a la vida que llevas en este momento. Puede que te estés limitando con unas creencias que desarrollaste en respuesta a unas necesidades que ya no existen (como la necesidad de recibir la protección de tus padres). Esas reglas y esas creencias ya no son apropiadas y pueden dañar tu sentimiento de valía personal.

La buena noticia es que siempre estás a tiempo de revisar tus creencias, reglas y valores, y de cambiarlos si es necesario. Los siguientes criterios pueden ayudarte a decidir si tus valores son apropiados para la vida que llevas en la actualidad.

Los valores sanos son flexibles, mientras que los valores insanos son muy rígidos y a menudo les acompañan palabras como «nunca», «siempre», «todos» y «perfectamente». Las reglas flexibles dejan lugar para excepciones, mientras que las reglas insanas son inflexibles y se aplican de forma universal. Las reglas flexibles cuentan con la conciencia adquirida de que un cierto porcentaje de las ocasiones no conseguirás llegar al nivel óptimo e ideal.

Los valores sanos nacen de dentro en lugar de introyectarse. Poseer una creencia o un «debería» significa que lo has examinado de forma crítica y crees que continúa teniendo sentido. Una creencia introyecta es aquella que has recibido de tus padres sin acabar de determinar si se ajusta bien a tu personalidad, tus circunstancias y tus necesidades, que son únicas.

Los valores sanos son positivos. Una regla o un valor positivos fomentan comportamientos que desembocan en resultados positivos. Te animarán ha emprender cosas que a largo plazo resultarán en la felicidad de todas las personas involucradas.

Los valores sanos amplían los horizontes de la vida en lugar de limitarlos, lo que quiere decir que las normas por las que te riges deben tener en consideración tus necesidades básicas como ser humano. Los valores que amplían horizontes te empujan a hacer aquello que es enriquecedor y positivo, excepto en situaciones en que las consecuencias a largo plazo sean dolorosas para ti y para otras personas.

Escoge tu propio camino

Según los psicólogos del desarrollo, si tuviste unos padres críticos, negligentes u ofensivos, es probable que comenzases tu vida con una autoestima baja. Sin embargo, al cumplir los cuatro o cinco años, entra en juego otro factor que determina tu sentimiento de valía personal de adulto.

Los científicos sociales han debatido acerca de la causa y el efecto durante años. ¿Un buen resultado académico aumenta la autoestima, o una autoestima alta lleva a un buen resultado académico? ¿Una alta posición en la escala social induce un alto sentimiento de valía personal, o el alto sentimiento de valía personal te ayuda a llegar muy arriba en la escala social?

Estas clásicas preguntas de causa-efecto (¿el huevo o la gallina?) olvidan el aspecto más importante: los hechos de tu vida no determinan cómo te sientes contigo mismo. Se trata más bien de qué hechos escoges recordar y creer. Por ejemplo, si te miras al espejo y piensas: «¡Qué gordo estoy! ¡Soy un dejado!», conseguirás darle una paliza a tu autoestima. Por otro lado, le darás un buen empujón si al mirarte al espejo lo que piensas es: «¡Tengo el pelo estupendo!». El mismo espejo, la misma persona, los mismos hechos: un pensamiento diferente.

La clave para levantar tu autoestima es en realidad muy simple: cambiar la forma en que te sientes contigo mismo cambiando la forma en la que piensas sobre ti mismo. Que sea simple no significa que sea fácil ni rápido. No se pueden cambiar los hábitos de pensamiento de toda una vida en el tiempo que se tarda en leer esta página. Pero puedes ponerte manos a la obra de inmediato. Piensa en una persona famosa a la que admires. Escribe en un papel tres aspectos de la vida de esa persona que asocias con una autoestima alta. Por ejemplo, si escoges a una estrella del mundo del cine, podrías escribir que es muy guapa, divertida y de espíritu libre. A continuación escribe otros tres rasgos que asocies con una autoestima baja. Esta vez a lo mejor te resulta más difícil. ¿Qué sabes de la vida de esa persona que te indique que no todo es un lecho de rosas? Las estrellas de cine pueden ser atractivas, pero al parecer pasan por quirófano regularmente y se someten a cirugía plástica para conservar su belleza. Tal vez sean divertidas pero también suelen tener problemas con las drogas. Su libertad de espíritu las ha hecho pasar por varios fracasos matrimoniales porque parece que no son capaces de sentar cabeza.

Repite este mismo ejercicio confeccionando una lista con tres rasgos positivos y tres rasgos negativos de un amigo tuyo. Es probable que esta vez te resulte más sencillo, ya que conoces más cosas acerca de la vida de tus amigos. Por último, inténtalo contigo mismo. Elige tres rasgos de tu vida que te hagan sentir bien con tu persona y tres rasgos que hagan disminuir tu autoestima. Este ejercicio te enseña lo fácil que es modificar tus reacciones y tus sentimientos sobre cualquier persona; tan sólo se trata de enfocar un conjunto distinto de características.

Pensamiento positivo
Vera Peiffer

¿Por qué nos ocurre con tanta frecuencia que cosas aparentemente sencillas nos parecen imposibles? Vera Peiffer nos da ideas y nos propone ejercicios prácticos para eliminar los obstáculos y conquistar el control de nuestro propio futuro mediante la elaboración de un programa adaptado a la propia personalidad de cada uno, la superación del estrés en la vida doméstica y laboral, y la toma de contacto con los sentimientos interiores para eliminar los pensamientos negativos.

¿Qué significan tus sueños?
Marcus Salomon

Esta obra nos presenta un completísimo diccionario de interpretación de los sueños en el que se pueden encontrar respuestas claras a todos los interrogantes sobre nuestras «vivencias nocturnas», además de un novedoso apartado en el que se trata la simbología según grupos temáticos: amor, familia, dinero... ¿Sabemos por qué soñamos con escaleras o sendas que no tienen final? ¿Es común soñar con reptiles o ratas? Gracias a este libro el lector podrá saber:

- Cómo afectan los sueños al ámbito del amor y los sentimientos.
- La salud y las relaciones cuerpo-mente.
- Un diario de interpretación de los sueños para hacer un seguimiento exhaustivo de los símbolos oníricos más frecuentes.
- Los planos material, económico, laboral y social vistos en relación con nuestros sueños.

El arte de ser mujer
Alicia Gallotti

Amor, felicidad, libertad, pareja, maternidad, hombres, sexualidad... palabras que encierran sentimientos esenciales del universo femenino. Alicia Gallotti, autora de numerosos éxitos editoriales, consigue en esta recopilación de citas de mujeres que en algún momento han destacado por su arte, su inteligencia y su sensibilidad, rendir un homenaje al silencio, al corazón, a la fuerza y a la inteligencia femeninas en un viaje alrededor del alma.

Cómo dejar de fumar
Dr. Jorge Bello

El eficaz método del doctor Bello consiste, por un lado, en la desintoxicación progresiva del cuerpo mediante los parches de nicotina y por otro en que la mente adapte nuevos y más saludables hábitos mediante técnicas de meditación y relajación.

Muchas personas se han beneficiado de esta experiencia del doctor Bello y han dejado de fumar siguiendo sus consejos y prácticas. Las numerosas ediciones de este libro dan fe del interés que han despertado las experiencias del autor.

- Una experiencia personal de un médico que explica cómo dejar el tabaquismo.
- Un programa combinado que actúa sobre el cuerpo y la mente.
- Un sistema de éxito comprobado por las experiencias de numerosos ex fumadores.
- Propuestas sencillas y eficaces para que se convierta en ex fumador sin esfuerzo.